接力廿载兴学路 守护三尺讲台情

——天津大学研究生支教团乡村教育帮扶二十周年纪实

管　虹　李　霞　席皓格　辛科霆　王浩天　主　编
姬　媛　孔金笛　孟悰延　牛孟睿　胡　玥
解乾宏　黄宋喆　董铖莉　刘　畅　副主编

天津大学出版社
TIANJIN UNIVERSITY PRESS

图书在版编目（CIP）数据

接力廿载兴学路 守护三尺讲台情 : 天津大学研究生支教团乡村教育帮扶二十周年纪实 / 管虹等主编 ; 姬媛等副主编. -- 天津 : 天津大学出版社, 2023.11
ISBN 978-7-5618-7614-5

Ⅰ. ①接… Ⅱ. ①管… ②姬… Ⅲ. ①乡村教育一教育工作一中国一文集 Ⅳ. ①G725-53

中国国家版本馆 CIP 数据核字 (2023) 第 199995 号

JIELI NIANZAI XINGXUE LU SHOUHU SANCHI JIANGTAI QING: TIANJIN DAXUE YANJIUSHENG ZHIJIAO TUAN XIANGCUN JIAOYU BANGFU ERSHI ZHOUNIAN JISHI

出版发行 天津大学出版社
地　　址 天津市卫津路 92 号天津大学内（邮编：300072）
电　　话 022-27403647
网　　址 www.tjupress.com.cn
印　　刷 北京盛通印刷股份有限公司
经　　销 全国各地新华书店
开　　本 787mm × 1092mm 1/16
印　　张 10
字　　数 192 千
版　　次 2023 年 11 月第 1 版
印　　次 2023 年 11 月第 1 次
定　　价 58.80 元

编委会

序言 Preface

躬身二十载　薪火永相传

天津大学自 2003 年开始组织参与全国第五届研究生支教团项目，到 2023 年，天津大学研究生支教团迎来了扎根乡村教育前线的第二十年。从渤海之滨到西北边陲，227 名天大青年踏上兴学之路，在吉林大安、新疆布尔津、甘肃宕昌等三地的 16 所学校立起三尺讲台，浇筑青春热血，覆盖学生近 13 000 人，让使命与担当在火热的乡村镌铭如铜刻。

二十年来，有教室、讲台，也有藏在指纹中的粉笔灰；有操场、跑道，也有孩子们的笑脸;有青春、感动，也有珍藏于心的美好情谊，有记忆、传承，也有对未来的无限希望。

二十年来，从渤海之滨到祖国边陲，从云课堂到青鸟广播站，从津津相连到宕寻津喜，天津大学研究生支教团从未忘记肩负的使命。躬耕三尺讲台，挥洒汗水与激情；扎根乡村教育，传递北洋精神与风采。

二十年接力奔赴，二十年更迭传承，肩负兴学强国使命，天津大学研究生支教团正从教育扶贫引领者走向乡村振兴奋进者，以踔厉奋发之姿，传递着乡村振兴的青春之音。值此二十年之机遇，天津大学研究生支教团启动“回望二十年，接力新征程”计划，将二十载春夏秋冬的支教点滴汇成手册，将回忆记录在纸上，将传承铭记在心中，将希望传递给未来。

该手册由天津大学研究生支教团全体成员共同回忆制作完成，旨在整合二十年接力支教的行动与成效，以纪事形式呈现出天大研支团完整的教育帮扶历程并作为“脱贫攻坚”走向“乡村振兴”的见证者、参与者，从真实视角深刻展现烙印在祖国大地上的天大品格。同时，该手册既是向全国研究生支教团事业交付的一份天大答卷，又将为天津大学研究生支教团后续工作持续稳定、向新向好开展提供经验和指导，激励更多有志青年加入研支团队伍，以青年之姿践行初心使命，以赤子之心涵养家国情怀，以青春之志点燃报国之行。

该手册首次完整收录历届天津大学研究生支教团成员信息及合影，并整理了支教品牌、支教剪影、支教故事，以展现天大研支团二十年的接续奋斗历程。此外，手册还通过支教访谈的形式呈现了历届研支团成员参与支教活动的珍贵回忆，通过收集服务单位评价、寄语，反映了研支团在教育帮扶、乡村振兴、资源整合等方面付出的努力及取得的成果。

这本手册，将为每一名怀揣理想的天津大学研究生支教团成员保留最珍贵的青春回忆，也致敬所有投身西部、为基础教育和乡村振兴绽放青春之花的我们，未来可期！

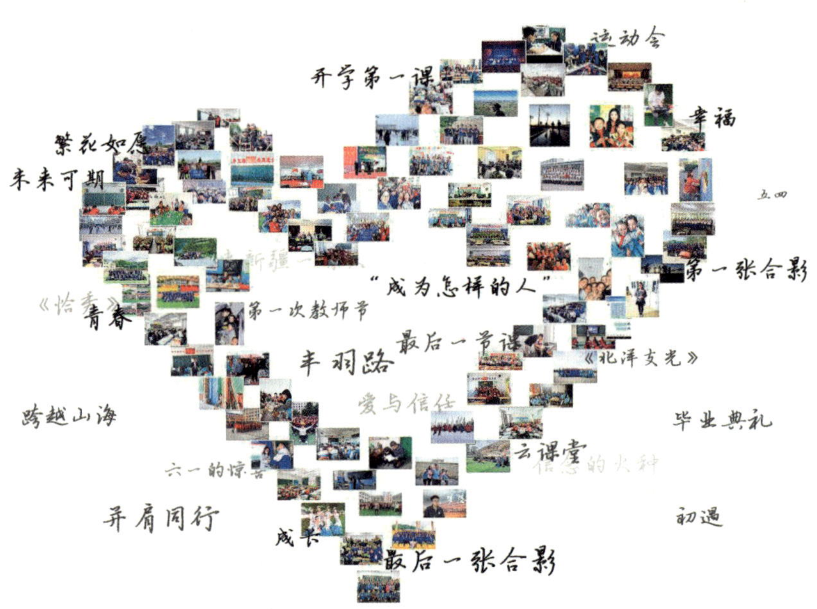

运动会
开学第一课
幸福
繁花如愿
未来可期
五四
第一张合影
“成为怎样的人”
第一次教师节
青春
最后一节课
丰羽路
《北洋支光》
爱与信任
跨越山海
毕业典礼
云课堂
并肩同行
初遇
成长
最后一张合影

支教
时间
孩子
青春
希望
学生
人生
未来
选择
西部
初心
祖国
收获
事业
经历
老师
珍惜
美好
奉献
回忆
永远
教育
主活
意义
加油
感谢
成长
相信
难忘
梦想
享受
服务
接力
影响
天津大学
改变
机会
志愿者
世界
工作
感受
灵魂
精彩
体验
教师
旅程
理想
青年
决定
命运
努力
价值
热爱
知识
力量
宝贵
责任
朋友
值得
传承
快乐
作为
思考
小伙伴
欢迎
祝愿
耐心

目录 Contents

第四章 方寸光影间，繁花皆如愿

第六章 回首来时路，郁郁满芳华

第七章 接力久为功，筑梦满庭芳

第八章 一年西部行，一生支教情

第九章 兴学扬校誉，奋楫新征程

后记 好风凭借力，风起正当时

第一章

赤诚支教心，山海不辞远

支教名单

2003 年，天津大学组织参与了全国第五届研究生支教团项目，227 名天大人与兴学强国的故事，从吉林省白城市大安市开始……

第五届
时间：2003—2004
团长：孙春光
队员：柴　华
　　　高　博
　　　李树嵬

第六届
时间：2004—2005
团长：丁　嵬
队员：任　果
　　　谷建强
　　　刘福聪

第七届
时间：2005—2006
团长：孙云超
队员：何　欣
　　　郑玉杰
　　　张培松

第八届
时间：2006—2007
团长：李　东
队员：刘国雄
　　　钱叶昶
　　　潘沈鸿

第九届
时间：2007—2008
团长：王汉涛
队员：刘　晖
　　　刘　明
　　　马　辉

第十届
时间：2008—2009
团长：杨泽华
队员：刘　宇
　　　庄　曾
　　　李　明

六年接力传承，二十四位天大学子在白山黑水的东北平原留下了奋斗的身影。2009 年，自天津大学第十一届研究生支教团起，服务地转移至新疆维吾尔自治区阿勒泰地区布尔津县，我们在这个童话般的边陲小镇，继续书写着新的故事。

第十一届
时间：2009—2010
团长：黄亚江
队员：尘　恒
　　　鲁　帅

2010 年是天津大学参与研究生支教团项目的第八年，这一年的招募人数由之前的四人增加至十二人，并逐年增加至十八人。更多天大人选择奔赴祖国最需要的地方，用不长的一年时间，做一件终生难忘的事。

第十二届
时间：2010—2011
团长：张　滨
队员：刘　涧　宋　野　梁　浩
　　　束　李　王全震　冯利彬
　　　刘乾伟　刘学谦　崔德振
　　　武寰宇　王力晨

第十三届
时间：2011—2012
团长：唐佳炜
队员：肖　阳　裴　昕　夏　超
　　　蔡　海　秦俊男　郭振远
　　　唐丕鑫　李姝婷　王月晖
　　　陈荣耀　徐博睿

第十四届
时间：2012—2013
团长：马耀邦
队员：唐　瑭　张　巍　武　艳
李　坦　宗　超　杨　晨
冯　超　郭　丰　刘　婧
王　尧　张扶正　王宇龙
王利忠

第十五届
时间：2013—2014
团长：宋文杰
队员：王　洁　乔　霖　赵　宇
李　冉　陈　湛　海　莉
刘　睿　高仓健　姚颖异
董朝宇　张明东　任晓光
赵乾琨　宋宇航

2014 年，自天津大学第十六届研究生支教团起，服务地增加了天津大学定点帮扶的甘肃省陇南市宕昌县，以教育帮扶助力脱贫攻坚的故事从这一年开始。

第十六届
时间：2014—2015
团长：刘　畅
书记：张春馨
新疆分团队员：
刘　梦　刘　阳　李　杰
戚冯宇　胡现鹏　庄建宇
李多多　李砚之　金伟晨
王伟哲　朱亚永

甘肃分团队员：
郝虹斐　潘鑫凯

第十七届
时间：2015—2016
团长：向　易
书记：王　越
新疆分团队员：
杨　智　张　彬　白　娜
高　阳　卞　琪　牛　迎
李　雪　孟　祎　王舜尧
巩文奇　曹添铭
甘肃分团队员：
杨　洋　李　杰

第十八届
时间：2016—2017
团长：孟子超
书记：马　静
新疆分团队员：
王　禹　边　晨　赵　蕾
包妍妍　王璐璐　周照清
李承霖　初春光　侯亚男
罗大力　刘洪键

甘肃分团队员：

王一贺　王艺霖

第十九届

时间：2017—2018

团长：祁毓豪

书记：赵云龙

新疆分团队员：

卢　剑　张　帆　杨　超

兰云翔　刘美杉　刘雨豪

马宁谦　尚云鹏　王晓晗

王宇婷　郑诗豪

甘肃分团队员：

张　阁　曹沥丹

第二十届

时间：2018—2019

团长：许全军

书记：詹浩淼

新疆分团队员：

丛君宇　梁浩林　廖舒琅

刘嘉懿　孟繁松　曲志勇

孙春鹏　汪梦媛　杨玉立

杨紫贻　朱檀睿

甘肃分团队员：

牟　彤　赵丹宁

2019 年是天津大学研究生支教团在甘肃省陇南市宕昌县服务的第六年，这一年起，甘肃分团成员的人数由两人增至八人，我们在陇上江南发生的故事愈发精彩。

第二十一届
时间：2019—2020
团长：陈宇豪
新疆分团：
团长：陈宇豪
书记：孙　晴
队员：安　敏　牛晓瑜　卢巧荣
刘卓然　李佳欣　温书凝
张成功　和思怡
甘肃分团：
团长：袁超伦
书记：杨思超
队员：林　子　夏　华　李名洋
周笑瑜　赵林哲　李雅琼

第二十二届
时间：2020—2021
团长：贾浩然
新疆分团：
团长：程启帆
书记：孙　巍
队员：邱哲政　朱学科　马馨茹
高雪彤　严前程　刘淑雅
夏　然
穆开拉姆·阿卜力米提
甘肃分团：
团长：贾浩然
书记：罗志伟
队员：吴　微　曹质远　齐芷玥
杜云丹　刘泽远　贾擎龙

2020 年 11 月 21 日，经甘肃省人民政府批准，宕昌县退出贫困县序列。天津大学研究生支教团成为脱贫攻坚与乡村振兴有效衔接的见证者。

第二十三届
时间：2021—2022
团长：王浩天
新疆分团：
团长：胡 玥
书记：田力芃
队员：陈 旭 姚 旭 蔡秋全
郭凯旋 雷玥玥 孟崇仁
解向川 张昱晨
甘肃分团：
团长：王浩天
书记：田 烁
队员：姬 媛 刘 习 柯如诗
孔金笛 雷松源 杨宇晨

第二十四届
时间：2022—2023
团长：孟悰延
新疆分团：
团长：牛孟睿
书记：黄宋喆
队员：刘 畅 何建鑫 罗浩洋
王萧然 刘嘉欣 董铖莉
张烝慧 张翘楚
甘肃分团：
团长：孟悰延
书记：解乾宏
队员：万 艳 丘校宇 徐灏轮
王洛名 王雨晗 崔金冉

2003 年至 2022 年，接力传承的故事我们已经书写了二十载。从每届四人到每届十八人，从大安到布尔津、宕昌，二十年的影像仿佛画卷一般徐徐展开，记录下我们与西部的故事。

基本信息

性别

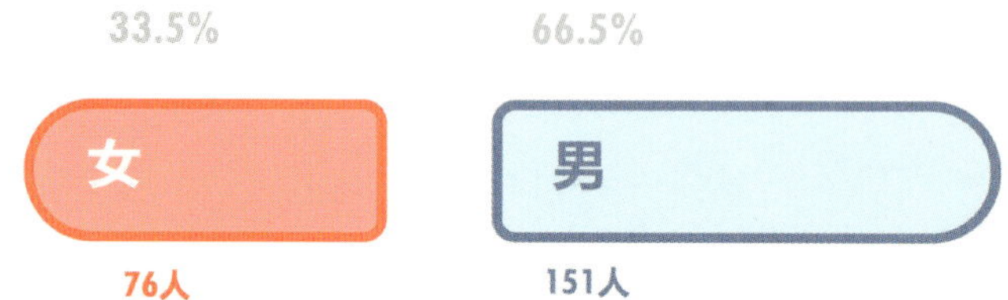

自第十二届起，天大研支团队开始有女队员加入。其中第二十一届研支团女队员数量最多，男女比例为 1：2。天大姑娘，巾帼不让须眉。

民族

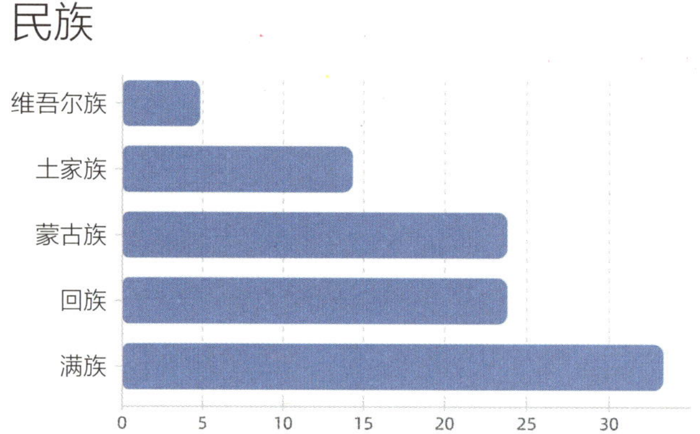

支教团成员中除汉族同学以外，还有满族、回族、蒙古族、土家族、维吾尔族同学，他们用不长的一年时间，书写了民族大团结的支教故事。

政治面貌

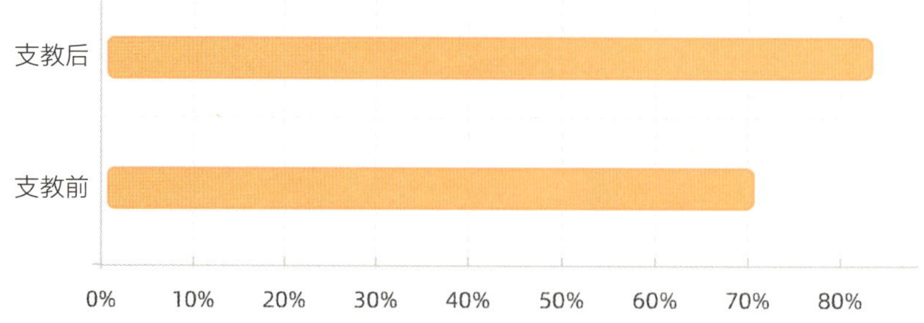

先进的政治觉悟是同学们选择支教事业的原因之一，因为支教，更多同学经过组织的考察，成为共产党员。

本科学院

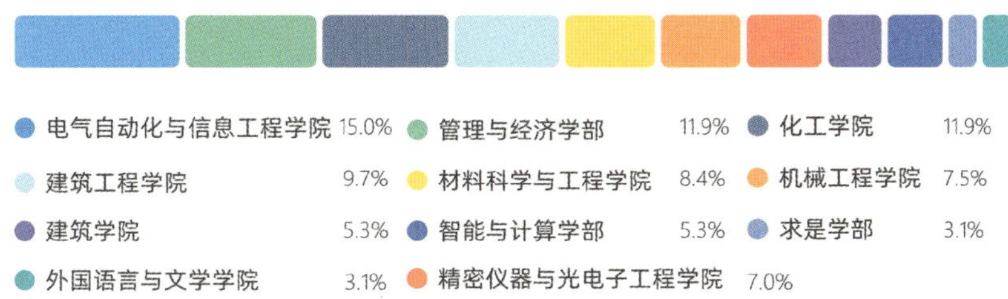

根据本科毕业于天津大学的支教团成员所在本科学院统计，以上学院人数排名占据前十。培养学生参加信息技术比赛、助力校园网络全覆盖、邀请相关领域专家普及知识，他们发挥着各自专业的优势，将论文书写在祖国大地上。

家乡

天津大学研究生支教团成员的家乡覆盖了全国二十五个省级行政区，以下省级行政区的人数排名占据前十。他们从祖国的“东西南北中”齐聚天津大学，不约而同地选择了践行母校“兴国强学”的使命。

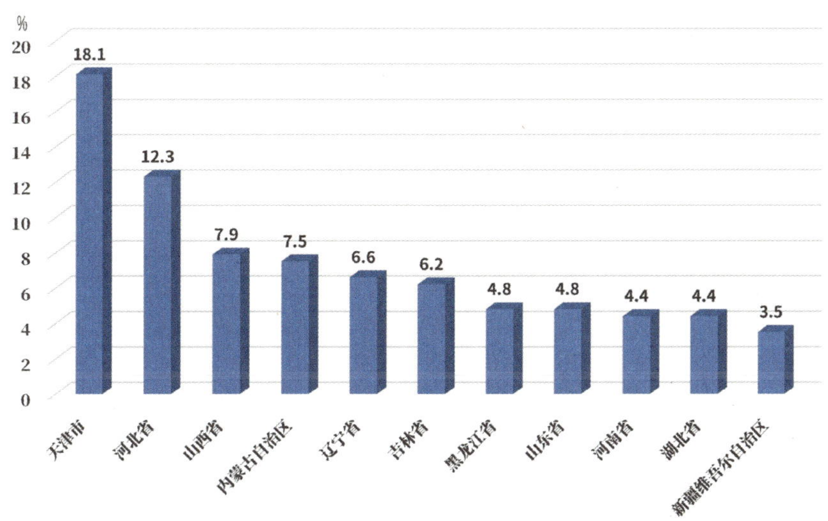

支教信息

支教地点

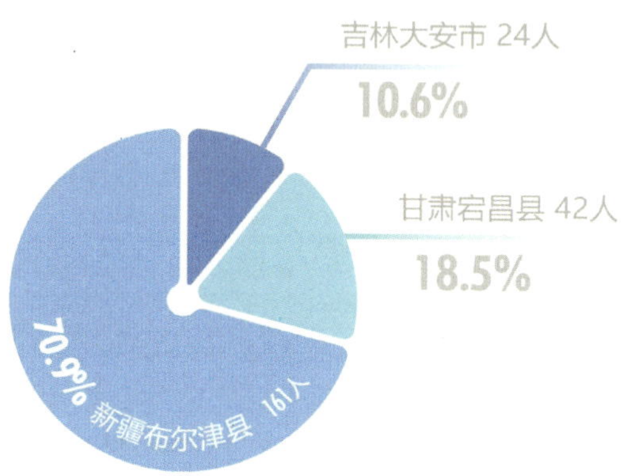

吉林大安市、新疆布尔津县、甘肃宕昌县，天津大学研究生支教团将脚印踏在祖国最需要的地方。

教授年级

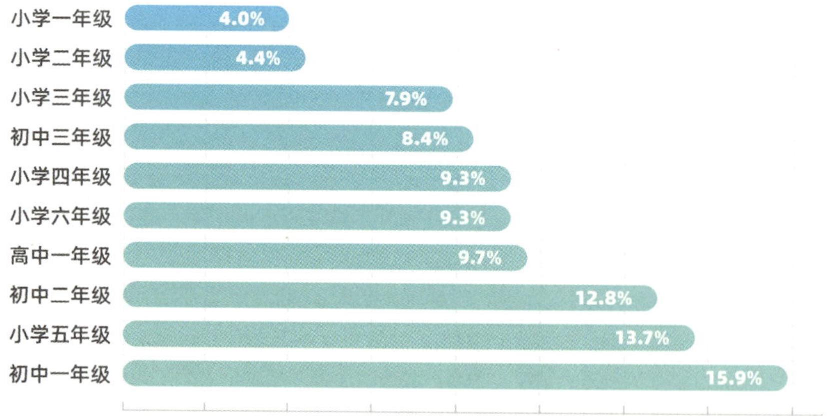

天津大学研究生支教团累计覆盖学生近 13 000 人，以上是教授人数排名前十的年级。在学生成长的各个阶段，支教始终践行树德立人根本任务。

教授科目

天津大学研究生支教团成员教授科目达到二十余门，以上是教授人数在小学、中学阶段分别排在前五的科目，第一课堂是我们服务的第一阵地。

就业信息

就业地点

天津大学研究生支教团成员在祖国各地发光发热。

就业单位

生逢其时，重任在肩，支教团成员奋斗在各行各业。

第二章

领航风雨路，山河绘答卷

天津大学自 2003 年组织参与全国第五届研究生支教团项目以来，每年派出 3~4 名志愿者服务于吉林省白城市大安市。自 2009 年第十一届研支团起，研支团服务地点转移到新疆维吾尔自治区阿勒泰地区布尔津县。2010 年后，每年派出人数逐步增加到 15 人。2014 年起，服务地新增甘肃省陇南市宕昌县。2018 年起，天津大学在全国项目办分配的 15 个招募指标的基础上，每年遴选 3 名在读研究生、学术保研学生，将他们补充到队伍中，共计 18 人，其中 10 人服务于新疆布尔津，8 人服务于甘肃宕昌。

20 年来，天津大学累计派出 227 名支教志愿者服务于吉林省白城市大安市、新疆维吾尔自治区阿勒泰地区布尔津县和甘肃省陇南市宕昌县的 16 所学校，覆盖小学、初中、高中、职校等教育阶段，服务逾 1.3 万名学生。研支团始终坚守立德树人根本任务，立足“教书育人、桥梁纽带、乡村振兴”的角色定位，坚持“扶智”与“扶志”结合，为西部地区教育事业发展和乡村教育振兴贡献天大力量。

一、站稳三尺讲台，助力乡村教育

研支团成员立足教学本职工作，人均每周授课 21 节，承担 2~3 门课程的教学工作，每年累计授课 13 320 课时。高质量完成教学任务是天大研支团的教学宗旨。天大研支团坚持认真研读教材、学习专业技能，积极完成身份转换，适应教师岗位，主动作为，不怕吃苦，倾情付出，填补缺口。多数成员所教班级成绩位列年级第一，获得当地广泛认可。

1. 因材施教，精准滴灌

构建“百草皆为药，人人乐成才”办学理念，提炼“校风、教风、学风”三层百草精神，在大赛九年制学校建立学生“百草档案”，详细记录每个学生的具体情况，一人一策精准滴灌；深入乡村送教、家访，主动承担义务教育阶段学生“清零行动”、适龄残疾儿童送教上门、三进两联一交友等工作；针对学生奋斗精神不足的问题，开展开学第一课、暑期夏令营、云游天大等工作，同时在“五四”青年节、国庆节等关键节点旗帜鲜明地引领学生，帮助学生拔穷根、筑信念。

2. 立德树人，引领青年

以天津大学求实团校的团员培养机制为基础，定期开设团课、思政辩论赛等一系列思政教育品牌项目，用活学校和服务地的红色资源；开展团员团干部培训，开设党史学习、爱国主义教育等系列课程，筑牢学生的理想信念，帮助学生树立正确的历史观、价值观和人生观，并通过“重走长征路”“团史知识竞赛”“云游张太雷纪念馆”等实践活动，多角度培育学生坚定理想信念、涵养家国情怀。

3. 五育并举，筑梦强基

研支团成员充分发挥个人专长，在服务地开展素质教育，促进教育公平，成为支教中的“斜杠志愿者”。根据当地所需和个人专长成立舞蹈、合唱、航模、摄影等兴趣社团，让兴趣爱好之花盛开在大山深处；发挥专业本领，打造“气象站 APP”“光伏发电科普基地”，培养学生“学科学、爱科学”的优良素质；组织学生参加创客竞赛，接触掌握编程、电子等热门技术，助力学生全面发展。

二、打造具有天大特色的研支团工作体系

宕昌县是全国最后一批脱贫的 52 个县之一，布尔津县地处祖国北疆边陲，两地不同程度面临教育资源欠缺、教师老龄化、留守儿童多、学生奋斗精神不足等现实情况。

聚焦县域教育现实问题和改革重点，研支团创新育人理念和方法，创设特色品牌活动，打造教育改革先行先试的“桥头堡”，促进乡村教育提质增效。

1. 汇聚师生力量，云端筑梦理想

自 2017 年起，研支团创新“互联网 +”云课堂，利用远程信息化手段，整合天大优质师资力量和学科优势，系统设计课程体系，打造了一支高水平、专业化的师资队伍，通过互联网媒介开展科学普及、素质提升、视野拓展、价值观塑造、艺术熏陶等启发式、多元化教育课程，成为汇集高校优质资源的“桥头堡”，通过一张小小的屏幕，为西部孩子打开走出大山看世界的“窗”，点燃人生梦想，激发奋斗成长的内生动力。截至目前，研支团已开展云课堂 160 余期，开设各类课程 120 余门，覆盖 10 余个省份学生 4 万余人次，形成了一批可复制推广、广受好评的“金课”，“我与智能机器人”“大国重器”“我们一起云打卡”等一系列“金课”走进西部地区中小学课堂。云课堂已成为全校师生通过互联网平台助力西部地区教育事业均等化发展的重要载体，为西部地区学校人才培养、教学资源、课程体系提供重要补充，让“不走的支教”在乡村“云端”持续开展，实现“村村有朵云，朵朵是精品”。

2. 创新育人载体，多渠道合力育人

针对学业困难学生开设“领航班”“丰羽路”培训班，实施北洋薪火计划，组织 1 598 名志愿者与宕昌 33 所学校的 5 000 余名学生结对，通过一对一辅导和集体辅导，提升学生的学业水平；关爱青少年心理健康发展，实施书信交流计划，组织志愿者与孩子累计邮寄书信 6 000 余封，解答成长困惑，引导学生健康成长，通过书信与志愿者交流的学生超过 2 500 人；邀请心理健康中心专家开展心理健康教育培训，讲解心理疏导技巧，提升志愿

者教师心理健康工作技能；开展素质拓展培训，在服务地开展高质量素质拓展活动，培育学生团队精神。

3. 扎根帮扶一线，助力乡村振兴

研支团发挥桥梁纽带作用，调研服务地产业现状，积极联络资源，助力乡村振兴。参加地区重要会议，分享教育帮扶心得，为服务地人才发展建言献策；推动学校与布尔津县诺干乳业达成 80 000 元扶贫采购协议；走进直播间化身就业主播，为求职青年答疑解惑，开出“求职菜单”；加入青年讲师团，深入基层讲解、宣传党的政策方针；连续多年开展暖冬义卖等活动，筹措暖冬励学金 50 000 余元；积极发挥专业优势，参与“厕所革命”“光伏发电”“中药材研究”等多个乡村振兴项目，深入村落，为扶贫车间一线贡献力量。

三、研究生支教团建设成效

研支团建设得到上级部门和社会各界高度认可，工作经验课程连续 3 年入选全国研支团网络培训班必修课程，荣获中国青年志愿服务项目大赛银奖、中科协首届科技志愿服务先进典型、“互联网 +”创新创业大赛全国铜奖等 10 余项省部级以上奖项，被新华网、人民网、中国青年报等 40 家媒体报道 150 余次。记录支教历程的研支团原创歌曲《我和百草有个约定》《这乡村那么多人》《你的模样——我们在西部的二十年》多次入选团中央、全国项目办主题文化活动，成为天大研支团对外展示的重要文化名片。

研支团成员毕业后或继续在教师岗位上深耕细作，或主动选择到中国运载火箭技术研究院、工程物理研究院等国家重点领域和基层一线工作，继续在祖国需要的地方建功立业。

未来，天津大学研究生支教团将永葆奉献的初心，始终牢记为党育人、为国育才的使命，将立德树人、培养中国特色社会主义事业的建设者和接班人作为根本任务，把助力西部地区教育公共服务和教育资源均等化发展作为主责主业，引导西部地区孩子们筑牢爱党爱国爱社会主义的坚定信念，激发奋斗精神、启迪人生梦想，为西部地区培养出一批五年、十年后或走出大山或回到家乡，在各行各业做出贡献的人才。同时，研支团将致力于巩固拓展脱贫攻坚成果同乡村振兴的有效衔接，在乡村产业、人才、文化、生态、组织等方面创新举措、精准发力，在助力乡村振兴的伟大事业中以昂扬之姿再出发。

第三章

凝心共筑梦，笃行谱诗篇

20 年来，天津大学研究生支教团始终坚持“围绕中心，服务大局”原则，坚持立德树人根本任务，牢记为党育人，为国育才的使命，以“传承发展品牌活动，实践探索支教新模式”为服务主线，发挥教书育人、桥梁纽带、乡村振兴的作用，在服务地持续开展多项具有天大特色的品牌项目，承担服务地各阶段学生的教育教学、兴趣培养、实践探索等任务，助力教育“扶智”“扶志”事业发展。

一、“智慧空间站”云课堂

“智慧空间站”云课堂始于 2017 年，由天津大学第十九届研究生支教团创建，并运行至今。该项目已形成集师资培训、学生教育、职业能力培训为一体的课程模式，并建有多层次、宽领域、立体化的主讲人队伍。主讲人团队涵盖国家重大项目首席专家、杰青优青获得者等优秀学者，全国优秀党务工作者、全国优秀团干部等思政名师，全国优秀青年志愿者、十佳杰出青年等朋辈榜样。

2021 年起，第二十三届、二十四届研究生支教团引入“科学探索”“学业辅导”“一起云打卡”“热爱我的家乡”等系列课堂，针对不同学段、不同学情的学生开设系列远程教育，分层次、多角度地聚焦学生的迫切需求，深入推进云课堂系统化、科学化建设。截至目前，该项目共开展课程 160 余期，开设课程立足科学普及、励志教育、美学教育、传统文化教育、心理健康教育、法制教育、思政教育、技能培训 8 个方面，涵盖化学、人工智能、建筑、软件工程等 13 个学科课程体系，覆盖 10 余个省份学生 4.1 万余人次，横跨小学、初中、高中各个年级，为学生提供更加广阔的成长平台和开阔视野的途径。

该项目将支教团小范围“输血”拓展为调动高校资源“造血”，让“不走的支教”变为现实，已连续 3 年作为必修课程向全国近 300 所高校推广，并被多所高校借鉴。该项目曾荣获

“互联网 +”创新创业大赛全国铜奖、中国志愿者服务项目大赛银奖、挑战杯天津市特等奖、天津市学雷锋“六个一批”志愿服务先进典型等省部级及以上奖项，已被中国政府网、人民网、新华网、科学网、中青报等 40 家媒体累计报道 150 余次，并引起了社会各界对教育帮扶工作的广泛关注，有效发挥新闻舆论和志愿帮扶的正面引领作用。

二、求实团校系列培养项目

求实团校系列培养项目始于 2009 年，由天津大学第十一届研究生支教团创建，并运行至今。该项目积极响应共青团布尔津县委员会要求，以天津大学求实团校的团员培养机制为基础，定期在布尔津县各中学开设团课，旨在帮助青年学生树立正确的历史观、价值观和人生观，并引导更多更优秀的入团积极分子加入共青团组织。团课内容涵盖共青团团史及基础知识培训、理想信念教育、综合素质培养、素质拓展训练等，多角度培育学生坚定理想信念、涵养家国情怀。

2017 年，该项目获得共青团宕昌县委员会、宕昌县第一中学的支持，在宕昌县得以实施，并在 2019 年拓展至宕昌县大赛九年制学校。布尔津县、宕昌县两地求实团校项目内容不断丰富，其中不仅包括线下讲座、面对面座谈、社会实践，更包含与天津大学求实团校的多次联动，如举办“共上一节团课”“团史知识竞赛”“云游张太雷纪念馆”等活动，引导学生积极向党团组织靠拢，全方位对入团积极分子进行培养，累计覆盖学生 3 600 余人。

该项目充分利用高校优质资源，让学生砥砺初心、增长才干，为共青团培养和输送优秀的新生力量。该项目曾获中国志愿者服务项目大赛银奖、阿克苏诺贝尔中国大学生社会公益奖银奖等荣誉。

三、“青鸟广播站”声音育人项目

“青鸟广播站”声音育人项目始于 2022 年，由天津大学第二十四届研究生支教团创建，并运行至今。该项目向全体天大师生征集稿件作为广播站素材，录制音频后将音频提供给布尔津和宕昌的多所学校，在课间和放学时为孩子们播出。同时，第二十四届研究生支教团成员董铖莉、刘畅、黄宋喆、张翘楚、解乾宏分别在窝依莫克镇寄宿制中学、布尔津县初级中学、宕昌县大赛九年制学校开设相关社团，结合学校原有广播站资源，培养学生的播音主持能力和自信表达意识，校地联动，合力打造声音育人项目。

高校录制和服务地播报的稿件内容涵盖青春故事、红色基因、好书共读、科普园地、学业提升等 8 个方面，通过高校朋辈力量打造适合中小学生人格塑造、心灵治愈的内容，通过这种方式打破高校学生和中小学生的交流壁垒，建立起一个恰当、具备优势的沟通桥梁，陪伴乡村地区青少年茁壮成长。

“青鸟广播站”声音育人项目开创第一年度，持续产出主题稿件 28 期，以校园广播形式完成播放，受众达到 2.2 万人，在春风化雨间埋下一颗种子、点亮一个梦想、拓展一项知识，得到了校方、学生、家长的广泛好评，该项目曾获第八届中国国际“互联网 +”创新创业大赛天津赛区银奖等荣誉。

四、“繁花如愿，未来可期”书信交流活动

“繁花如愿，未来可期”书信交流活动始于 2018 年，由天津大学第十九届研究生支教团创建，并运行至今。该项目面向天津大学在校学生招募志愿者，为服务地学生匹配“笔友”，进行一年以上的一对一交流，旨在通过长期书信联系，帮助学生解答成长困惑，明确未来目标，激发奋斗梦想。该项目自启动以来，便受到天津大学在校学生的广泛支持，志愿者以党团支部、学生组织、宿舍、个人等为单位积极报名。

2018 年 4 月 27 日，第一批信件从天津出发，5 月 9 日成功抵达布尔津县窝依莫克镇寄宿制中心小学。4 年来，书信交流制度日趋完善，书信交流内容逐渐丰富，志愿者通过照片、明信片帮助服务地学生了解外面的世界；服务地学生通过绘画、手工表达对志愿者的感激之情。此外，天津大学研究生支教团定期开展书信交流活动故事分享会、书信交流线上见面会，加强志愿者与服务地学生之间的联系。2022 年，第二十三届研究生支教团在宕昌县大寨九年制学校开展“一封家书”活动，为留守儿童创造了与外出务工父母书信交流的机会。

该项目以书信为载体，为服务地学生提供了倾诉心声的空间与健康成长的陪伴，也为天津大学在校学生提供了了解西部教育的窗口。当前，参与该项目的服务地学生已累计超过 2 500 人次。2022 年参与志愿者人数达到 958 人，往来书信共计 3 832 封。该项目曾被西部志愿汇、天津大学等官方微信公众号报道。

五、“暖冬义卖”活动

“暖冬义卖”活动始于 2018 年，由天津大学第二十届研究生支教团创建，并运行至今。该项目获得了天津大学团委，校、院两级青年志愿者协会及多个院级学生组织的支持。天津大学研究生支教团搭建线上及线下销售平台，售卖支教服务地特色产品，并将义卖所得款项全部用于为服务地学生设立“暖冬圆梦励学金”以及为家庭困难的学生购买学习、生活用品等，以此鼓励学生自强不息、锐意进取。

长期以来，由天津大学研究生支教团在乡村一线调研、确定、购置特色农副产品，并在天津大学校内学生组织的协助下进行宣传、义卖、清算，再由天津大学研究生支教团完成款项支配、公示工作的合作机制日趋完善。2020 年，第二十二届研究生支教团积极推动天津大学与布尔津县诺干乳业有限公司达成消费扶贫意向采购协议，签约金额达 80 000 余元。布尔津县诺干乳业有限公司生产的奶酪、奶条等奶制品，以天津大学为原点，辐射到周边及更远的市场。2022 年，第二十三届、二十四届研究生支教团通过该项目筹得善款 14 000 余元，创下历史新高，并为 172 名学生送去冬日温暖。

该项目将天津大学与服务地相连接，为服务地贫困学生提供物质帮扶，促进教育资源均等化发展，同时向天津大学输出西部地区的特色产品和文化，让更多的师生了解西部，助力西部。该项目曾获阿勒泰地区党建网等媒体报道。

六、“丰羽路”计划

“丰羽路”计划始于2012年，由天津大学第十三届研究生支教团创建，并运行至今，寓意为“丰其羽翼，助其成长”。该项目中，研支团成员通过利用课余时间对迫切需求辅导帮助的学生进行课业辅导，并对家庭教育缺失、心理健康不良、学习习惯有待养成等的学生开展精准化教育，进而帮助学生筑牢学业基础，掌握正确学习方法，树立积极人生态度，促进其健康成长成才。

2016年，第十七届研究生支教团根据学员的学龄，开设了“雏鹰班”“新鹰班”“鸿鹰班”3个班级，并在进行个性化学业指导的同时增设了心理疏导课程。2019年，第二十届研究生支教团成员詹浩淼及其同学利用发表论文获得的4 200元奖学金，在布尔津县神湖路小学设立“丰羽图书基金”。2020年，该项目在宕昌县第一中学实施。2021年，第二十三届研究生支教团成员蔡秋全在布尔津县高级中学开展题为“不逼自己一次，你永远不知道自己多优秀”的励志教育讲座，覆盖了3个年级、28个班级、1 200余名学生。

该项目至今历经10年，开展超过100期，帮助2 000余名学生解决了成长的烦恼，缓解了学习的压力，找到了正确的方法，坚定了前进的道路。该项目曾获阿克苏诺贝尔中国大学生社会公益奖。

七、素质拓展活动

素质拓展活动始于 2018 年，由天津大学第二十届研究生支教团创建，并运行至今。该项目结合习近平总书记提出的“要在增强综合素质上下功夫，教育引导学生培养综合能力，培养创新思维”的要求，积极创新支教工作，丰富学生课余生活，拓展学生第二课堂。

2018 年，第二十届研究生支教团在宕昌县第一中学成功开展 4 期素质拓展活动，内容包括“一叶顶千斤”“车轮滚滚”“达·芬奇密码”等趣味活动。该项目充分培养学生团队合作、沟通协调等综合能力，激发学生自身潜能。2021 年，天津大学心理健康教育中心从体验式教育视角为支教团服务学校一线专职教师和第二十三、二十四届研究生支教团成员量身定制了“教育发现：班级体验式心理健康教育的实践与应用”专题培训，旨在丰富当地教师和支教团成员的心理健康教育知识，提升其实践技能，为支教团服务学校开展班级体验式心理健康教育工作、科学有效地关注学生心理健康状况奠定基础。2021—2022 学年，宕昌县大赛九年制学校已在第二十三届研究生支教团的组织下，对九年级学生开展了 4 期素质拓展活动，有效缓解了学生学习、成长的压力，深受学生欢迎。

该项目着眼于学生的综合素质发展需求，充分利用体验式教育、团队式教学等方式，为学生提供了一个培养乐观心态和坚强意志、树立团队精神、增强合作意识的重要途径。

八、书香校园创建活动

书香校园创建活动始于 2020 年，由天津大学第二十二届研究生支教团创建，并运行至今。该项目积极响应宕昌县教育局要求，实施于宕昌县大寨九年制学校，旨在激发学生的读书热情，引导学生育德励志、启智明史，让学生养成爱读书、会读书、好读书、读好书的良好习惯，积极打造翰墨飘香、格调高雅、文明向上的书香校园。

2020 年 7 月，天津大学第 100 间“梦想教室”在宕昌县大赛九年制学校揭牌落成，内有天津大学捐赠的近 4 000 册各类图书。在各届研究生支教团的精心组织下，“梦想教室”在每天下午大课间和饭后时间开放，开放时间共计 2 个小时，并安排教师指导学生开展阅读活动。2021 年 9 月，天津大学第二十三届研究生支教团建立“梦想教室”电子借阅系统，让学生在规定时间借还图书，并利用闲散时间自由阅读成为可能。天津大学历届研究生支教团通过创办“书韵留声”“书海遨游”等活动将世界读书日所在月打造为校园“读书月”，以课本剧大赛、知识竞答、诗词朗诵等形式遴选出在阅读活动中有所收获的学生，并对他们进行表彰、鼓励。

该项目将书香校园建设融入日常教学，并集中建设“读书月”，为学生提供交流、展示的机会，进而助力书香润泽校园、阅读丰富心灵，受到当地师生一致好评。

九、思政辩论赛活动

思政辩论赛活动始于 2020 年，由天津大学第二十一届研究生支教团创建，并运行至今。该项目充分结合五四青年节这一重要时间节点，抛出热点话题，引发青年思考，先后实施于宕昌县第一中学、沙湾中学、旧城中学。该项目旨在丰富校园文化生活，引导学生在思辨中树立正确的人生观、世界观、价值观。

2020 年，第二十一届研究生支教团结合当地正处于打赢脱贫攻坚战关键期的现实情况，在宕昌县第一中学策划举办辩论赛。设计原创辩题“走出大山 / 回到家乡是当代青年建功立业的更好方式”，以“成长”为活动内核，引导学生思考实现个人发展与家国情怀同频共振之途径。2021 年，第二十二届研究生支教团在宕昌县沙湾中学围绕“高中生早恋该 / 不该支持”话题，组织同学们开展激烈的辩论，以喜闻乐见的方式，在引导同学们树立正确恋爱观的同时，为学生搭建跳出课本、表达观点的平台。2022 年，第二十三届研究生支教团在宕昌县旧城中学围绕“成大事者不 / 也拘小节”话题开展辩论赛，鼓励学生思考青少年奋斗的意义和方法，将有限的精力投入更有价值的学习工作中，珍惜当下，砥砺奋进。

该项目在精心设计辩题的基础上，充分调动学生的主观能动性，将育人功能融入比赛全过程，让学生在潜移默化中打破思维局限、拓展视野宽度、锤炼自身能力。

十、北洋童声合唱团

北洋童声合唱团始于 2010 年，由天津大学第十二届研究生支教团创建。合唱团设立于布尔津县城镇第四小学，后拓展至神湖路小学、冲乎尔镇寄宿制中学。该项目以“用爱唱出希望，用歌声点亮梦想”为主题，旨在通过教授学生合唱、视唱及表演的方法，培养学生的团队协作能力、对艺术的感知能力，激发学生对音乐及其他新鲜事物的好奇心。

天津大学研究生支教团成员通过教授乐理知识、演唱经典歌曲，帮助学生掌握简谱视唱方法，并认识一批优秀的词曲作者、音乐家。2011 年 11 月，北洋童声合唱团在额河社区会演中第一次登台表演，并在后期开始定期组织“歌曲传唱”活动，在白山布社区文艺会演、布尔津县消防连慰问演出、劳动节文艺汇演等演出中表现出色。2014 年的“五四”青年节活动上，北洋童声合唱团参与汇报演出 3 场，赢得在场领导和居民们的一致赞扬。

该项目用歌声点燃梦想，帮助越来越多的孩子们树立起积极的人生态度，也引发社会越来越多地关注外来务工人员子女的发展。以该项目为参考，天津大学研究生支教团在服务地指导了梦想教室管理委员会等学生组织、社团的建设。该项目曾获得第九届中国青年志愿者优秀项目奖、阿克苏诺贝尔中国大学生社会公益奖。

十一、多种方式资助育人

资助育人是促进教育公平和社会公正，构建社会主义和谐社会的重要举措。20 年来，天津大学研究生支教团以自身为桥梁纽带，为服务地学生引入多种社会资源，以捐助资金、物品等方式助力学生成长、学习。

自天津大学第十六届研究生支教团起，天津大学在校教师通过研究生支教团与服务地困难学生结对帮扶，通过定期捐款帮助学生改善生活、学习条件。第十九、二十届研究生支教团通过募集图书、设立图书基金等方式为服务地学生拓展图书资源，促进教育资源均等化发展。第二十二届研究生支教团以"微心愿圆梦"活动为载体，帮助 50 余名服务地学生实现了儿童节心愿。2021 年，第二十一届支教团成员夏华向自己曾经服务过的宕昌县第一中学捐助了自己的 9 000 元奖学金。第二十二届研究生支教团团长贾浩然是天津大学第十四期太雷班学员，他受第十五期太雷班全体同学委托，向宕昌县大寨九年制学校转交了 12 500 元捐赠款，并设立“太雷励学金”。第二十三届研究生支教团团长王浩天曾于本科期间参与天津市滨海新区友爱村电商平台建立工作，该村两委通过王浩天为宕昌县大寨九年制学校捐赠冬枣 200 斤。

“不让一个学生因家庭经济困难而失学”是党和政府的庄严承诺。天津大学研究生支教团以力所能及的方式助力资助育人，呵护学生成长，相关事迹被中国青年网、中国日报网、搜狐网、天津大学官微、澎湃新闻等媒体报道。

第四章

方寸光影间，繁花皆如愿

相识——理想与热爱满载而来

岁月漫长，长不过沿途的山脉，长不过车窗外的阳光，长不过一路的欢声笑语，更长不过志同道合的家人伙伴……夏天已至，我们满怀期待，携手奔赴那个未曾驻足过的远方。未曾想过，仅在故事的开始、旅行的开端，定格的记忆就已经足够难忘。

1. 第十二届冯利彬

我们从北京西站坐硬卧火车赶赴新疆，在那个没有 12 306 的年代，我们只能在车站买票。不幸的是 12 个人只有 10 张卧铺票，还有 2 张站票！在两天一夜的车程加被大风延误一夜的火车上，“幸运”的我抽到一次站票的机会，体验了火车上的不眠之夜。犹记得风吹天地暗，连笼屉和馒头都从窗外高速而过，而在火车上吃泡面的我们仍然热情洋溢、满心欢喜，青春真美好！

2. 第十二届束李

一张平淡的合影，记录了支教团的年轻人刚到乌鲁木齐培训时的激动之情。如今我们都已年过 30，相聚时也不知道还能不能像当时一样洒脱和自然。

3. 第十七届向易

刚到新疆时，我作为志愿者代表参加了共青团西部志愿者的汇报演出。演出中，志愿者们手挽着手，共同期待着即将正式开始的支教旅程。

我们跨越山海，抵达目的地，和一群可爱的孩子们相遇。他们的欢声笑语打消了我们心中尚存的些许顾虑，为这段相互陪伴、双向成长的故事写下了一个温柔而美好的开头。

4. 第二十四届罗浩洋

刚来到布尔津县时，我们在社区举办的“红领巾小课堂”暖心托管班上负责低年级学生的管理和教学。在这里我认识了这位6岁的小朋友优优。优优每次上课的时候都会端正坐好，两个大眼睛仔细地盯着前面看，到了下课的时候他就会跑到我的面前，抱着我的腿说：“哥哥给我讲故事吧，我想听故事”。优优认识的字还不多，我就一个字一个字地念给他听。

5. 第十九届马宁谦

这是我刚到新疆时给孩子们上的一堂素质拓展课，因为是第一堂课，尽管做了充足的准备我依然十分紧张，但在课堂上，孩子们一张张幸福快乐的笑脸打消了我的顾虑。孩子们非常配合我的教学，在课堂上踊跃发言，课程结束后纷纷主动找我合影留念，这些表现深深鼓舞着我。从那时起我下定决心，一定要在这一年内带给孩子们更多的知识，努力在我的岗位上发挥光与热，做好志愿者服务工作。

6. 第二十三届雷玥玥

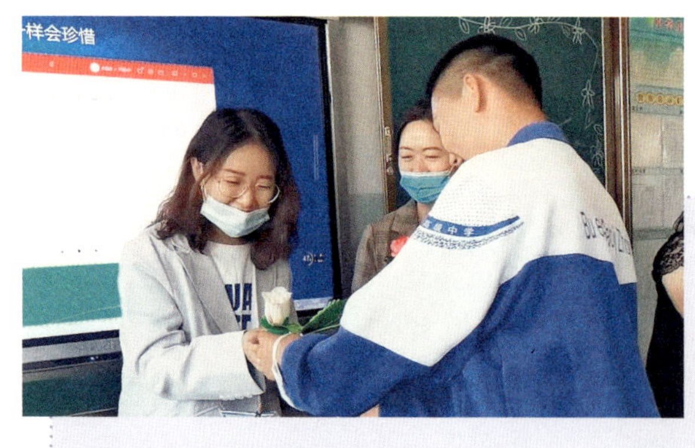

我在布尔津度过了人生中的第一个教师节，孩子们精心布置了教室，我们一起唱流行歌、跳民族舞，听着孩子们准备的诗朗诵，被围绕着送上亲手制作的贺卡和纸花……曾经的我们怀揣着热爱，跨越山海奔赴祖国边疆，在那一刻，我知道这是一种双向奔赴的快乐。

美好的相遇让我们见到了未来一年将要陪伴最久的可爱的孩子们，感受到了双向奔赴的快乐。我们更为浓烈地热爱着这份事业，更加热切地期盼着故事的发展。

相知——时光赠予的温柔字句

渐渐地，我们愈发熟悉，在课堂上、生活中习惯了彼此的存在。对于脸上时常洋溢着笑容的孩子们、对于所驻足的这片土地，我们都有了更多的了解与更深刻的感悟。

相知始于主阵地——课堂上，孩子们跟着我们用新的思路徜徉于知识的海洋，看着满怀好奇的他们，我们热切地期盼着他们的成长。

1. 第十七届李杰

这是在支教学校录制的我人生中的第一堂公开课，我特地将课堂视频拷贝回来留作纪念。这是那段难忘的日子中最平常的一天，但正是三百多个这样平凡的日子组成了我最美好的一段回忆。

2. 第二十一届林子

2019 年，宕昌县第一次开展创客教育，孩子们对这些新事物非常感兴趣，都围上来想知道背后的原理。

3. 第十六届刘畅

2014年的国庆节，北洋童声合唱团举办了庆祝活动。这是我们发起的为农民工子弟服务的志愿活动项目。我们希望通过音乐沟通心灵，给孩子们带去知识和快乐，让他们的眼界更为开阔。

4. 第二十二届穆开拉姆·阿卜力米提

与七年级14班的同学一起去研学，这一天我看到了孩子们身上更多的优点，也知道了班里的一些小秘密。这些使我与同学们的距离更近了。

5. 第十八届包妍妍

在青少年活动中心支教的老师应该都学会了几项可以傍身的“手艺”，陶艺、折纸、乐器、丝网花、乐高……活动中心与严肃的中小学有些不同，这里的上课时间是放学后和周末，这里的授课内容也更轻松活泼，这里的小朋友似乎总有开心的事情与你分享，这里总有幸福的笑声响起。而在课堂外的时光，一起庆祝节日生日的欢乐、唱给孩子们的动听歌声、孩子们纯真烂漫的笑脸，都再一次拉近了我们之间的距离。

6. 第二十二届刘淑雅

那天，三年级五班的学生邀请我一起庆祝中秋。当时我教他们的时间还不长，对很多学生也比较陌生，但我一踏进教室，几乎所有的学生一拥而上，把他们带来的月饼、零食塞到我手里，欢迎我的到来。这可以说是我第一次深深地感受到布尔津孩子们的热情、纯真。当我提议一起合影时，一眨眼的工夫，好多孩子已经激动地爬到了桌子上，开心地摆着姿势，于是就有了这张充满孩子们可爱脸庞的合影。

7. 第二十三届雷松源

第一次和可爱的孩子们一起跨年！每个老师都排了节目，有唱有跳，我们几个支教老师合唱的是《知足》，“当一阵风吹来，风筝飞上天空，为了你，而祈祷而祝福而感动”，歌声回荡在山间，这是属于我和孩子们的回忆，满满都是知足。希望孩子们在新的一年不要惹老师生气啦！也希望我们几个能永远铭记这一天孩子们真诚的笑脸与知足的快乐。

8. 第十九届兰云翔

那是我过的最特别的一次生日——在新疆过的生日。孩子们也不知道从哪里得到的消息，知道了我生日的具体日期。当天，孩子们早早来到了学校，把教室布置得焕然一新，黑板上写满了祝福的话语。一进屋，班长喊：“起立！”孩子们整齐喊道：“兰老师生日快乐！我们爱您！”那一刻，欣慰、感动、惊喜，无数情绪涌上心头，我想，我可能永远也无法忘记这个特别的生日了！

9. 第二十四届黄宋喆

还没有前往服务地的时候，很多人跟我说，希望你别教小学，教小学挺没意思的。可是当我真的和这群三年级的小朋友朝夕相处时，我发现我收获了世界上最纯真、最热烈的爱。他们蜂拥而上，一层一层地把我围住，眼睛里露出的是真挚的光。

在服务地时间愈久，愈发觉得，不论是眼前的孩子们，抑或是当地的老师与偶然遇到的路人，都时常让我们获得意想不到的惊喜，他们善良且真诚，对我们这群年轻的老师是这样，对于脚下的土地与“祖国”二字，更是如此。

10. 第二十二届程启帆

这张照片是我在布尔津县初级中学带学生扫雪时拍摄的。当时我担任初一年级班主任，正在带学生们铲雪，这时候国歌响起，学生们齐刷刷地停下手里的工作，面朝国旗立正站好，敬少先队礼，这场面令我十分感动。我感受到了学生们真挚的爱国情怀，我想我们每一名支教老师，都要以身作则，为学生们做好榜样，真正培养出一批有理想、有担当的青年学子。

11. 第二十四届董铖莉

2022年9月30日，正值国庆放假前夕，班里的孩子已经逐渐接受和喜欢上我这个"老师"，我也愈发喜欢这群可爱的孩子。那天，恰逢"喜迎二十大"朗诵比赛，我走进教室，看着班主任正用红丝带给女孩儿们扎着小辫，再给孩子们在脑门上点个红色的小圆点，一开始男生们还有点抗拒，后面却争先恐后地想要，俏皮、可爱极了。小可爱们戴上红领巾，排排队站好，一张张脸上洋溢着快乐的笑容，他们充满力量地齐诵着"我是中国娃，我爱我的家乡，我爱我的祖国"。那一刻，我感受到了孩子们对祖国深深的自豪感与深情厚谊。

12. 第十五届乔霖

2013年12月初，布尔津县民族团结教育暨民族宗教政策法规知识竞赛活动胜利举办，来自布尔津县6所初中、小学的师生进行了最终角逐。本人担任主持人，这次活动让我深刻感受到布尔津县师生们爱国的赤子之心，以及民族团结的无穷力量。

相知，短暂而深入。熟悉了新的身份，熟悉了彼此的存在。未来的长期相伴，相信也定不是简单的重复叠加，而是时常会有意外出现的惊喜感动，以及不期而遇的美好瞬间。

相伴——正年少不惧岁月蹉跎

四季轮换，夏秋交替，不变的却是一颗颗诚挚的心灵、一场场真挚的交流、一次次温暖的陪伴。时光流转，我们已然建立起刻骨铭心的情谊。

和孩子们的朝夕相处建立起了我们之间的默契，我们想方设法地为孩子们带去更充分的优质资源，看着他们的笑脸，满足与欣慰瞬间充盈心间。

1. 第二十届廖舒琅

“老师老师，这个姐姐送给我了一支好好看的钢笔！”“哇，这个哥哥画的火锅也太逼真了！”“咦，她把我的名字写错了诶……”“老师，他送的这个小本子是他自己亲手做的！”虽未谋面，薄薄的一张信纸，却载有缕缕情思，所谓纸短情长，大抵如此。

2. 第十九届张帆

我们在窝依莫克镇寄宿制中心小学的墙上绘制了“民族团结娃娃”，带着我们的心意长期陪伴孩子们。努力做带不走的支教。

3. 第二十届牟彤

我和丹宁是第一批在宕昌一中支教的教师，很高兴可以在教学之余，在一中老师们的支持下，联动天津大学各类社团，为学生们举办很多特色活动。这张照片记录了在纪念五四运动100周年系列活动里的“宕寻海棠”中，学生们正在认真地拼天大东门的模型，旁边也吸引了不少同学驻足观看。我们在1 700公里外一起了解天大东门的构造，共赏建筑之美。

4. 第二十二届孙巍

虽然这些孩子们在家里可能没有爸爸妈妈照顾，但是，他们还有我们，还有很多老师们，时刻挂念着他们的健康与快乐。一个在我们看来简简单单的生日会，却让他们绽放出最为开心的笑颜；一份举手便可给予的关怀，却成为他们驱散寒冬的动力。这便是老师能给予孩子们最真诚的心意与温暖了。

5. 第二十一届牛晓瑜

其实这是孩子们偷偷拿着我的手机拍的。可爱的娃娃们，现在再回看这张照片，甚是有趣。他们纯真，热闹，可爱，他们那时也只是孩子。照片定格属于我们的美好时光，珍贵万千。

6. 第二十三届刘习

照片拍摄于 2022 年 2 月 28 日，新学期首次家长会上。作为班主任协助教师，我终于第一次和我朝夕相处的这帮孩子们的家长打了照面。本来以为是一次默默无闻的跑腿，却意外得到了赞赏与认可。“我们娃回家经常和我说物理老师特别认真负责”，“要是被你表扬了回家能和我炫耀好几天”，“娃回家要是饭吃得特别快，着急去上晚自习，我就知道一定是物理晚自习”。会后与家长们的交谈，让我意识到，付出被认可、工作被信任是如此美好又沉甸甸的。

除了和孩子们相处，我们与支教的土地、当地的同胞、并肩奋斗的伙伴们也在无数个日夜中相伴着度过了这一段无悔时光。

7. 第十八届罗大力

和同事一起全副武装，用无数个通宵值班来守夜护校。

8. 第二十四届解乾宏

千里外的天大月饼，人生的首个教师节。刚走上讲台没多久，我们便迎来了教师节与中秋节双节同至，在距离天大 1 700 余公里的宕昌官鹅沟，第二十四届研支团的战友们一同品尝美味的天大月饼，举杯吟诗邀明月，最终不约而同地唱起了天大校歌。“不从纸上逞空谈，要实地把中华改造……”深山月色下歌声悠扬，寄托了在外的游子对于母校的思念以及不负母校期望的决心！

相离——步履不停地奔向未来

聚散离合终有时，历来烟雨不由人。美好的时光总会迎来尾声，但我们相信，那些难忘的瞬间、那些温暖的回忆、那些梦幻的经历，是我们共同的宝贵财富，将在彼此的人生画卷上，留下浓墨重彩的一道痕迹。亲爱的孩子们，与你们的相遇仿佛梦一般美好，此后虽短暂分离，可天涯何处不相逢？但愿人长久，千里共婵娟。

1. 第十五届姚颖异

2014年5月29日，晚上22:48，布尔津县初级中学晚自习后，在“丰羽路”提高班的最后一节课，那天，他们距离中考还有21天，今天，距离我离开新疆布尔津已经八年了。

2. 第二十四届王洛名

这是第二学期分班前，我和孩子们最后的合影。紧挨在一起的小脑袋、和学生摆的大大的爱心、逆光但闪耀的每一张笑脸，还有那一声声的“老师你好！”“老师再见！”……定格成支教生活中记忆深刻的一幅图景，也成为我人生中倍感骄傲的宝贵珍藏。

3. 第二十三届张昱晨

这是我的第一批学生，我带着他们走进了物理的大门，他们带着我走进了新疆，走进了他们的民族。在最后一节课后服务上，因为得知我即将要离开他们，去带别的年级、别的学科，我哭了，泣不成声。我没想到会这么舍不得，没想到离别这么艰难。八四班班主任说，我的课代表合尔安，一个很坚强的小男孩，却在我离开后趴在桌子上哭了好久。离别之际和他们一起拍下了这张照片，来纪念我的第一批学生，纪念我们的相遇。

4. 第二十一届温书凝

摄于2020年6月1日，是孩子们的最后一个六一，也是我此生最难忘的儿童节。7月份孩子们升入初中，我也告别了童话边城。在以后的许多日子里，我都会感慨当时度过了很美好很美好的一段青春。

5. 第六届刘福聪

支教工作结束前夕，四班师生合影，也是全班人数最全的合影。回津后，我给每人洗了一张照片，直到现在，这张照片还挂在很多学生的家中。

6. 第二十二届曹质远

这张照片拍摄于2021年6月3日，拍毕业照的那天。孩子们把亲手制作的相册送给我，里面凝缩了我们这一年相处的点点滴滴。我穿着给他们设计的班服，认真地观看着。当时，孩子们兴高采烈地问我："老师你哭了吗？哭了吗？"我不敢抬头，酷酷地冷言以对："我才没有哭。"

7. 第二十届汪梦媛

离别之前，我专门把一节课作为告别会。学生们准备了一个课间，在黑板上写了一个“请假条”让我填写。我填完之后，全班同学上去签署了“不同意”。

8. 第二十二届吴微

一年支教结束，离别将近时，留下了这张照片。此外，这里不仅留下了我的68个学生、600个日常视频，更留下了我终生难忘的回忆。

在这一年不长的支教时光中，我们每个人都在一个崭新的地方经历了刻骨铭心的相遇、相知、相伴、相离，是如此美好而难忘的一段旅程。二十载风雨无阻，北洋研支团薪火相传，我们的故事，未完待续……

第五章

语挚情意长，桃李自成蹊

我的大安情节

第六届　刘福聪

我与大安的缘分，是从 2003 年 10 月开始的。2003 年的 10 月 14 日，学校发布了组建第六届研究生支教团的通知，当天正好遇到我大一时的辅导员王阳老师，他鼓励我报名参加。10 月 24 日，面试通过后，我开始了与大安千丝万缕的联系。

2004 年 8 月 26 日，第六届研究生支教团到华中师范大学参加了为期一周的培训，和全国的 400 多位志愿者一起宣誓，“尽己所能，不计报酬，帮助他人，服务社会。践行志愿精神，传播先进文化……”，一起唱起那首“青春选择，雄心万里”，“到西部去，到基层去，到祖国最需要的地方去”……

9 月 5 日，我本科班在津的所有同学都来送我，就像送士兵上战场一样。当 7 日早晨火车即将抵达大安北站时，我们被窗外的景色惊呆了，一起感叹着外面的美：辽阔的草原上徐徐升起一轮红日，把整个世界分成三个部分，蓝色的天，绿色的草原，中间红红的朝霞。而那张在快速的火车上拍下的模糊照片给我们留下了最美好的回忆。当我们从火车上走下，正式踏上大安的土地时，一股秋风袭来，从天津到大安，跨越了一个月的温差，我们提早进入了秋季。

当日上午我们乘坐“倒骑驴”走进了我们难忘的第二故乡吉林省大安市，走进了职业生涯中的第一个工作单位——第四中学。校园环境优美，花木茂盛，与我们想象中支教的地方简直天壤之别，没有黑黑的屋子，没有骑着马给我们送马奶酒的大爷……我们想象中的很多场景都没有出现。当然，现在看到那些当时拍摄的用危房改成的厨房、昏暗的水房、沟深三米的厕所的照片，感觉很是艰苦，但当时可是非常满足的。

刚刚抵达大安时，我们意气风发，期待着要大展身手，为当地的教育事业的发展尽我们最大的努力，取得最好的成绩，改变当地的教育面貌，产生深远的影响。我们四个人分别担任了大安四中一年级各班的副班主任，我负责三班和四班，主要的职责就是数学、英语的辅导和计算机课的教学。

9 月 8 日下午，我们第一次认班。走进班级时，我兴奋地发表了两个承诺“宣言”，现在已经忘了具体内容，只记得大概是从学习和交流两个方面说的。书生气很浓的大学生跟学生打成一片还是比较简单的，经过几次辅导和活动后，我慢慢地认识了一些学生，也逐渐发展了我们的友谊。但最有突破性的关系发展还是在运动会上。当时孩子们带了好多零食，用班主任的话说就是“吃运动会”。当我走到班级时，除了比平时更响亮的“老师好！”，就是许多伸过来的小手，“老师，吃我的，我妈做的；老师，吃我的，我用自己的零花钱买的……”。而我没有去接这些美食，只是简单打了个招呼。这时，有个学生眼睛红了，一时间我也愣住了，班主任过来打了圆场：“孩子们给你的就吃吧，要不他们就不高兴了。”我不得不象征性地从每个孩子手中拿了一些，即使是象征性收取，也装满了我的两个上衣兜。我想把这些东西发给他们，反而被拒绝得“毫不留情”。在这次运动会上，我们班的学生表现出色，体育分数同年级第一，值得祝贺！更激动的是，当我参加教工组 4×100 米接力赛时，孩子们的喊声震耳欲聋，虽说我跑得不是很快，小组只获得第三名，但当我回到班级时，又响起了震耳的喊声和掌声。当时我激动得都说不出话来！

不论是课余还是周末，我跟学生们的交流持续升温，一起做作业，一起踢球，一起逛街，关系越来越好。我们在这里刚适应不久，就到了寒冷的冬季，首先不适应的就是冰雨天气，雨滴在空中还是液态，但落到地上后很短的时间内就凝固成冰，以至于整个地面就成了滑冰场。我们的鞋都是从天津带过来的，鞋底较硬，所以走到这种地面上特别滑。白天能见度较高，还算比较安全。到了晚上，洗漱、去厕所成了我们最大的难题，大约十来度的斜坡变成了我们很难征服的“冰山”，跪下来“爬冰山”上厕所的情景至今仍历历在目。这些苦都算不了什么，但后来的湿疹却把我撵回来了。

那是 11 月初第一次下小雪后，我依旧像往常一样带学生做值日，打扫树叶和积雪，热闹朝天，也不时冒出热汗。回到教室后，我感觉到不对劲，整个脖子和头上都起满了湿疹，就这样坚持了两天，虽然期间在很多老师的热心关怀下用了很多偏方，但都没有什么起色。两天后，李东老师带我到了市医院，开了两只静推，10 毫克地塞米松和 20 毫升葡萄糖酸钙，看着很荒谬的药单，我虽然不情愿，但也接受了。在激素的控制下，我的湿疹维持了两天的平静，随后依旧是痒得半夜难眠。这期间有好多热心老师和家长邀请我到她们家里住，又给了我很多偏方，但我依旧不适应。临近期末，战校长和其他几位领导还是选择把我送上了开往天津的火车。也就有了下面这篇 2004 年 11 月 17 日凌晨写在 1344 次列车上的文章。

经过三个小时在列车接口处体验零下温度后，头脑可能更加清醒了。在列车员的帮助下，我找到了座位。回想一天以来，两天以来，以至两周以来的情形，又情不自禁起来……由于环境因素或是身体因素，湿疹或说是风疹要把我撵回家，我不想走，我舍不得我的学生，当然也不想为天大丢人，但在四中战校长的一再要求下，我还是上车了。

一天以来，学生们总在猜想着什么，也总在问着“老师，你什么时候走呀？”，我心中知道要走，还是勉强地说了“过两周”。我占了音乐课，讲了最后一节英语课，情不自禁地说出“最后一节”的时候，学生们安静了，没有了平时的热闹或说是喧闹，问谁都不吱声了。我自己对着黑板红着眼圈也不知道要做些什么，经过一段时间的调节，好歹上完了这两个班的最后两节课。下午最后一节自习，我照例到班级去看看，当班主任给学生们说出我晚上要走的时候，我看见好多平时很活泼的学生抽噎了（当然比起次年6月份离开时的全班哭着送别，还算是小场面），我稀里糊涂地说了几句，然后含着眼泪离开教室，回到冰冷的老屋里收拾行李。过了一会，帘子被撩开了，我最熟悉的乔扬进来了，抽噎着，看着他这样，我啥都不敢说，还是禁不住哭出声来，乔扬看见我哭也就更不客气了。魏行来了，火上加油，学生们来了不少，我力争坚强，好歹维持了两分钟的笑容。因为天黑了，我不得不让学生们回家。过了一会儿，电话响了，"我是王奇，您在建行门前等我吧"，等了一会儿，过来了，一伙学生，没数多少个，因为在那么黑暗的夜色里根本数不清。"老师，你为什么不提前告诉我们呢？我们用我们的零花钱买了点东西，您一定要带着！"三袋水果和一兜吃的东西，在大家的一再要求下我不得不收下了。他们被我撵回了家，否则太不安全了，风大了，天黑了。不久苗三哥（学生苗贺家长）打来了电话："刘老弟要走，也不给咱说一声，说什么都得过来吃顿饭！"因为市领导在场，不好直接去，几次这样的电话，只听着语气越来越重，声音越来越嘶哑。于是我到苗家饭店"溢口香"吃了一些家常菜，喝了一杯送亲酒，聊了好久。回到住处收拾东西时乔扬来了，帮我打包。我突然发现车票和身份证不见了，找了好久，原来学生给藏了（后来在电话里承认的）。最后我顺利到了大安北，上车了。

在彼此思念的漫长的寒假中，互相谈心发短信是我与学生缩短时空距离的最好方式，其中部分短信让我感动万分，且记忆犹新。

"莫愁前路无知己，天下谁人不识君。老师：您的话，我会一直带在身边，成为我的座右名（铭）。魏行"（12/12/2004 20：59）

苗贺给我发了一个空白的短信，然后问他发的什么，回了这条信息："你没读过三国呀！曹操给一个人一个空盒，那人随后就被处死了！我给你发的空短信是你还不回来，我不容你了。老师，你快回来吧，我想你了！ 苗贺"（12/24/2005 19：01）

"聪哥您好：好久不见，很想您，我给您拜个晚年。今天我们开学了，我时刻感受到您对我们的关心，我为有你这样的哥哥感到骄傲，特此发短信表达我的心情。对了，你什么时候回来呀？想死你了！潘靖桥"（03/01/2005 18：12）

次年3月初漫长的寒假终于过去，我再次踏上支教的行程。早晨抵达四中后，我就被学生热情地包围了，更多的是被学生的行为感动，同时也在思考着如何才能利用剩余不多的支教时间做更多的工作，给学生们留下更多的东西。支教的下半年，过得更快，很快就到了依依不舍的阶段。经历了一场又一场的送行，在全班的哭和笑中，我结束了为期一年的支教工作。

从大安回来后，我跟大安的很多人保持着密切的联系。在学生的初升高阶段，我是家长信任的“能镇得住孩子”的人，经常能接到家长的电话，某某又调皮了。只要我在电话里交流一下，学生就能有一个月的平静。

十几年间，我跟大安的老师、学生、家长保持了亲戚般的感情。我每次到长春出差，在长春及其附近的学生都会赶到长春聚会，共同度过一天快乐的时光。在 2017 年内我回去过大安两次，第一次是学生王奇结婚，第二次是学生乔扬结婚。回去后我都会被问候一句“刘老师回来了，两三年没回来了吧”，一个“回”字，异常亲切。十二年的分别感觉是两三年，想念中的时间过得飞快。王奇的结婚日期定在了我的生日那天，婚礼还增加了上生日蛋糕环节，当时的我何止是激动万分啊！

此生已经过了三次本命年生日，除了第一次孩童时代是在老家过的，后两次都是在大安过的，这就是我跟大安的缘分，我的大安情节。我确实用一年不长的时间，做了一件终生难忘的事情。

青春有限，时光无悔

第十二届　冯利彬

对新疆的第一印象是什么？是皑皑的雪山，是热情的少数民族，是新疆师大免费的培训自助餐；是干燥的空气，是八楼的二路汽车，是四面八方汇聚而来的志愿者；是凉爽的树荫，是异域的风情，是如梦似幻激昂热血的青春。对布尔津的第一印象是什么？是十个小时的汽车，是戈壁滩上的公路和毡房子，是西流的额尔齐斯河，是琳琅满目的水边夜市，是边陲的童话世界。

青春可以热血，理想可以缥缈，初识可以亦真亦幻，但生活大多只有淡如水。进入服务单位后，做会务、做纪要、印文件、做早操、做扫除、上河堤、下乡村、服务检查……似乎都是一些鸡毛蒜皮的小事。利用空闲时间，在布尔津初级中学做些课外活动，或者走访一些贫困学生，好像都只是志愿者的自我陶醉。

似乎人总是这样，越长大越觉得条件所限，做起事来从无所畏惧变成了无所谓，而宝贵的赤子之心似乎也越走越远。

蜀汉昭烈帝遗言："勿以恶小而为之，勿以善小而不为"。当我们在为鸡毛蒜皮觉得不值，在为孤立无援觉得不解，在对所作所为感到怀疑的时候，难道不应该先问自己做这些是出于什么目的吗？是利己吗？有利人吗？一定要出成绩吗？不能只是做好铺垫吗？如果我们无愧于心，不携私以图利己，那我认为我们可以自豪地说我们做到了作为志愿者应该做出的一切贡献！即便工作上有很多是鸡毛蒜皮的事，但深入基层的感悟是真实的，形成的任何记录都是有价值的，是可以作为后继者和研究者的参考的。由于我们大多来自内地，在日常的生活中，即使我们与生活在新疆的本地人只是简单地进行思想、文化、观念或认知上的交流，都会产生意想不到的效果。在初级中学的活动也是如此。榜样的力量是无穷的，当"向往"成为一种力量，一些人的人生也许真的会因为我们而发生变化。

作为志愿者，作为毕业生，作为初踏社会的有志青年，我们不能忘却自己的本心，也不能轻易地否定自己的所作所为。只要我们无私地把有限的青春贡献一部分给这无限美好的事业，这就是一段值得我们自豪一辈子的经历！

2022 年的春天，在"飞雪迎春""百花待放"的时节，我回想那一段过往，内心仍然激情澎湃。怀念布尔津河谷骑马踏溪而来的热情牧民，怀念额尔齐斯河畔的飞蚊和烤鱼，怀念被哈密的大风困在火车上的不眠之夜，怀念当汽车行驶在冰雪覆盖的荒原公路上时我的惊心一滑，怀念在额尔齐斯河桥上对"童话"的最后一瞥……

一边疆

第十三届　夏超

边疆一载，倏然而逝。

我入疆前怀揣的想法多半没有完全实现，而这并不令人悔恨。有些事物注定在预期之外，生活却也要继续。在这一年里，我认识了一个马背上的民族——哈萨克族，他们热情好客，真诚大方。我爱上了他们的民族乐器——冬不拉。虽然我弹奏不佳，却总爱抱琴拨弹一番，让人安心满足。

我有一段自己买菜做饭的日子，独居于三层的音体美小楼，在寂静的夜晚里读书、写诗，月下饮酒、唱歌，在月光里微醉地睡去，又在朝霞中悠然地醒来。白日里，我常常到布尔津县城边缘的额尔齐斯河畔散步，我爱她注入北冰洋的清寒的河水，她两岸稀疏的树木和树行后的荒漠，她在转弯时孕育的河谷林，她夕阳下波光闪烁的河面，还有那些岸边、河里的无数大大小小的卵石，像一个个圆润的瓷玉。

这里的冬季冰冷而漫长。我爱上了那辽阔的积雪，在阳光下闪着圣洁的亮光，在星辰下泛起细微的烁光，在月下像世间无尽的盐。一个个寒冷的冬夜里，我在窗下听着外面的风雪，从书页间摘取前人留下的火焰。我见识了许多难以用词语详尽描绘的景色：玫瑰色的清晨和浅紫色的黄昏；阳光中飞盈而闪耀的雪花；天边远山上雪崩般的云朵；驶出山道时猛然打开的金色戈壁；牛羊如珍珠洒落的青青草场；压迫呼吸的广袤星空……它们带给我极致的震撼和绵密的感动，让我久久难忘。

我的学生让我平淡的生活有了很多乐趣。教师公寓修整后，我没有从男生宿舍搬出来。他们到我那里借书、借药、聊天，或瞎拨弄我的吉他，或弹奏冬不拉，调皮而活泼，让我想起自己的少年时代。还有那些美丽而可爱的少女，我欣赏她们，欣赏她们的纯洁和她们身上的诗意，她们曼妙动人的舞姿，她们名字中的月亮、花朵、蝴蝶、珍爱……小县城生活的节奏随着迟晚的日落而缓慢下来，我的脚步比往日轻悠，我逐渐褪去往昔铁丝般的修辞。在这里，我不必担忧词语是否拥有果核，是否指向抽象的存在。我相信我看到的事物，相信它们的名字，河流就是河流，雪不比雪代表更多。我努力经由它们去拥抱实在的生活。

我离开了这里，我能够给予的却很少，只有这里的诗句。希望这些文字能表达我对这片土地和土地上的人们的爱于万一。

“心疆”· 我的青春记忆

第十五届　宋文杰

在新疆各族群众中活跃着数以万计的志愿者，天津大学第十五届研究生支教团的 15 名成员也是其中的一部分。我们希望成为践行新疆精神、巩固民族团结的播种机、宣传队，因为一年的志愿服务生活让我们在大美新疆的土地上认识了更为美丽的人和事。是新疆让我们有了初次离开母校施展自己才学的机会，是新疆的同事朋友给了我们肯定的眼神让我们对未来充满希望，是新疆孩子的灿烂笑容给了我们纯真的回忆。

于我而言，最难忘的是布尔津的天，蓝得澄澈，蓝得沁人心脾，对于我这样一个在水汽充足、云层厚重的四川长大的人，太久太久没有见过蓝天，或者说没有见过天空本该有的面目。布尔津的天，总是让我不禁想到小时候作文中常用到的“今天晴空万里，天上飘着朵朵白云”，虽然矛盾但却美好，在布尔津蓝的深沉的天空中，几团雪白柔软的云，总是增添了些许柔美，让我停下脚步，痴痴地望着它们，久久不愿离去。

这种澄澈就像我所在的这座边疆小城一样，总能让我找到濯净心灵的感觉，在这里我第一次能用我的所学所感带给学生们知识和快乐，和这里的朋友见面时，我总能看到亲切灿烂的微笑。在布尔津，这个以哈萨克族为主要人群的多民族小城，充满民族特色的食物、装饰、面庞和话语随处可见可闻，而我的哈萨克族朋友们对我的照顾和关怀让我异常感动，这是我从未体会过的友谊。在他们看来，我是一个内地刚毕业的孩子，远离家乡来到这里，奉献青春服务他们的家乡，无依无靠，但他们或许不知，我早就把他们作为可以倾诉的推心置腹的朋友。与他们吃着波尔萨克、手抓肉，喝着曾经不习惯的咸咸的奶茶或者甘洌的白酒，放声大笑，我想，或许只有在这儿才容得下如此响彻心扉、无拘无束的笑声吧，可以说哈萨克族朋友、同事们给了我这一年来最多的帮助、最深的感情。他们偶尔也会为内地人不了解新疆、不了解新疆人而无奈，但是他们希望我们在新疆生活过一段比较长的时间后，能把真实的新疆带给内地人。我想，这正是我当年许下的志愿服务的诺言：把自己的知识和见闻带到新疆来，为这里的孩子打开一扇窗，同时把在新疆的所见所闻所悟带回内地去，感染影响更多的人。

倘若时间拨回当初，我仍旧会选择支教服务新疆。用双脚丈量祖国的宽广，用双手感知友爱的温度。孩子们期待的眼神传递出对知识的渴求，新疆朋友洒满天际的灿烂笑容洋溢着善良与纯真，他们的欢声笑语让我体会到了如沐春风、洗净心灵。纵使时光风化为年轮，这一年，也注定刻在我人生的记忆里。

奉献“津”天，我在路上

第十六届　刘畅

第一次听说志愿者，是 17 年前，当我看到感动中国十大人物徐本禹的事迹时，刚上初一的我，哭了；第一次听说西部计划，是一年前，正巧赶上西部计划新疆专项巡讲会，一位学姐的支教经历感动了我。半年后，我报名参加了大学生志愿服务西部计划。

2014 年 7 月 24 日，我带着支教的梦想，怀着奉献的使命，来到了蓝天白云下的乌鲁木齐：繁华的城市，车水马龙的街头，现代化的设施，美丽的姑娘。五天培训，我收获了一群志同道合的志愿者朋友，也收获了一个外号——小苹果。作为西部计划小苹果快闪的领舞，我和队友们火了一把，从食堂跳到篮球场，再跳到晚会舞台，我们无处不在！

快乐的培训后，经过 10 个小时的长途车，我们到达了服务地——布尔津。大家可能对布尔津感到很陌生，但是相信很多人都听说过国家 5 A 级风景区喀纳斯湖，而喀纳斯景区就在布尔津县境内，同时布尔津也是去喀纳斯的必经之地。走进它，你会看到那些俄罗斯风格的建筑，干净的小旅店，哈萨克族风味的小饭馆，街道两旁整齐的梧桐、白桦、白杨，红顶白墙的欧式小楼，悠闲的行人……抬头，天空像一片大海，可以看见丝丝水汽“虚无”地上升——它似乎是我们曾经读过的某个童话中的地方，而我现在身临其境。

哈萨克族是布尔津县的主要少数民族，在当年的西部计划地方项目中就有很多哈萨克族伙伴。在这里，我结交到了一个最要好的朋友——美丽，她是一名哈萨克族志愿者，也是土生土长的布尔津人。人如其名，她长得漂亮，人又热情，在我们刚来的时候，她主动带着大家熟悉环境，奔东跑西地买这买那。第一顿烤肉，第一家超市，第一张银行卡，开始的那段时间，有我们的地方就会看到她。

在美丽家过古尔邦节的经历更是难忘。她的爸爸妈妈为我们精心准备了手抓肉和各式各样的哈萨克族点心，吃饱喝足后，阿姨还为我们弹奏了民族乐器冬不拉，而美丽和叔叔也和着美妙的音乐跳起舞来，在盛情邀请之下，我们也学着他们的样子跳起《黑走马》，大家载歌载舞，玩得不亦乐乎。

再来说说我的本职工作——做一名支教老师。布尔津是国家旅游城市，生活水平较高，教学环境和相应的设施也都很完备，和内地的城市一样。然而，经过一个月的教学以及和学生们的接触了解后，我慢慢地发现了一些问题，由于当地教学水平的原因，一部分学生参加了内初班、内高班，去外地上学。而剩下的学生，也许是由于自信心不足、跟外界接触少的原因，学习的欲望不强烈，对大学也并没有那么向往，考试的及格率很低，对于英语他们更是抱着“本来基础就差，学也学不会”的想法选择放弃。看到这些情况，我们一起来的支教老师都非常着急，如果像原来一样只是单纯地给孩子们上课，那么这种境况将很难发生改变，我们也就失去了来到这里的意义。我们希望通过一种方式让孩子们感受到关爱，感觉到自己被重视、有存在感，点燃他们学习的热情！

求实团校是我们探索中学第二课堂的一次尝试，这里有结合我们自身经历而进行的“我的大学”主题交流，有为了提升孩子们学习兴趣而举办的“科普知识讲座”，有培养学生们团结协作能力的素质拓展训练，有为了增强孩子们的责任感而开展的社会实践。每一堂课都与众不同，每一次交流都发自肺腑。我们那期的求实团校共从布尔津县初级中学七年级选拔出65名同学作为重点培养对象。

在开学之际，我跟大家说:“走进团校，你得到的将不只是一张结业证书，也不仅仅是履历表上一段简单的经历。在这里，你将从精彩的讲座、丰富的实践中汲取知识、提高能力、开阔视野，让思想充盈，让思维升华。”我记得有一个学生在班主任交流日记上这样写道:“遇到你之前，我学习上没有动力，也不知道师生间还能做朋友。现在，我的眼界宽了，而且我知道了自己的理想，就是做一名像你一样的老师。”

“丰羽路”培训班是我们利用晚上空闲时间，为孩子们提供补课机会的义务活动，涉及布尔津的小学、初中和高中。“丰羽”这个名字摘自2012年的一位志愿者鼓励自己的话——风雨无阻，成其丰羽，“其”就代表孩子们。我们通过前期的调研，综合分析全部学生的各项成绩，结合往年的升学情况，同时与学校积极协商，最终从中选出一部分同学作为“丰羽班”的学员，这其中就有美丽的双胞胎弟弟也那尔和妹妹迪娜尔，以及她的表妹爱莎娜。我们的培训班于每周周一、周四开课，主要针对学生的课后作业、学生学习的重点难点知识进行辅导讲解。培训班开办伊始，孩子们的热情并不高，提问题也不积极，一堂课下来，学生没有收获，我们也很失落。那一刻，我突然觉得很难过，就好像被泼了一盆冷水。无助之下，我找到了我的高中英语老师，她告诉我，孩子们的基础差，又没有自信，所以他们很难而且也不好意思提问题，这个时候更需要你们去单独关注他们，帮他们找出问题。这时我又想起了迪娜尔曾给我发的一条微信:“哥哥，我的数学真的很差，怕你们笑话！你能不能单独给我补一补啊？”若有所悟的我和小伙伴们商量后，决定改变策略，在针对共性问题集体讲解的基础上，我们每个人再分别负责3~4名学生，做他们的私人家教，为他们“私人定制”学习计划。

50天过去了，曾经遇到难题就选择放弃的迪娜尔，虽然基础依旧较弱，但她现在敢于去想、肯塌下心来去做，成绩有了很大程度的提升。像迪娜尔这样的学生有很多，他们的变化带动了他们身边的人，也带动了更多的人，我相信“丰羽路”培训班和求实团校为他们带去了希望的种子，让他们一起为了更高的目标努力！

那些稚嫩的孩子们，在漫漫“丰羽”之路上，借着“求实”的翅膀，会越走越远，越飞越高。

而这，就是我们的意义所在！

其实，像这样的品牌活动在布尔津的志愿者工作中还有很多，例如曾获得阿克苏诺贝尔中国大学生社会公益奖的“农民工子女北洋童声合唱团”就是其中一个。这项以“用爱唱出希望，用歌声点亮梦想”为主题的为农民工子女服务的项目，迄今已经连续开办了五年。

犹记得第一次和小朋友们见面时，一个小姑娘就拉着我们的手说：“哥哥姐姐，你们终于来了！我们都盼了好久了！”看着那张充满期待的笑脸，听着那声充满依赖的“哥哥姐姐”，我知道，我当初的选择没错，孩子们就是我来到这里的全部意义。用爱去感染，用心去呵护，总有一天他们会长大。虽然，我们也会离开，但我相信会有越来越多的有志青年，义无反顾地奔向新疆，义无反顾地奔到孩子身边。

我想，我们已不仅仅是支教老师，更是一座座桥梁，一座座连通着内地和新疆的桥梁。我的很多学长学姐离开新疆后，依旧对这里念念不忘，微信里、微博中经常可以看到他们发的或怀念或祝福的信息：沉醉喀纳斯六月的花海，迷恋可可托海九月的金秋，最舍不得的还是在最美好的年华里幸而遇见的你们……这也许就是新疆情节吧，一年就是一辈子。

因为新疆，我们有了跟同龄人不一样的经历，因为阿勒泰，我们有了跟同龄人不一样的成熟，因为布尔津，我们有了别人不曾拥有的幸福。

人间天堂

第十六届　金伟晨

独一人，许十愿，经百事，行千里，遇万人。以一年之光阴，行终生之益事，望前路之迷蒙，思心底之恐极。风骤起，雨乍落，云卷云舒，叶落水寒。山青青兮薄雾，水潺潺兮生烟。欲成愿者，先自度其能，而善用其智；既至，吾何以谓惧，何以谓却？苟利天下，虽千万人吾往矣。

——题记

那是祖国西北边陲的小镇，那是被誉为童话边城的地方，那是通往人间仙境的必由之地，那是让我曾无意闯入的他乡。多年后的今天我依然可以记起街边的每一家小店，依然可以记起孩子们的笑脸，依然可以记起一个人从东走到西的惬意。那是个没有纷争、没有压力的桃源，是个让人静下来享受生活的地方，是个麻雀虽小五脏俱全的地方，是个快递都要寄上半个月的地方，人在这里很容易慢下来，慢到可以听到自己的心跳声，慢到可以逆向而行找回自己的初心，也不怕会来不及赶上天边的彩虹。

那个盛夏的夜，第一次见到它，我被眼前的景象震惊了。它好像沙漠中的绿洲，灯火通明的样子让我甚至忘记了自己一路走来见到的只有漫漫荒野。大概是我打扰了这小镇的安眠，却又着实被它的宁静深深吸引，那一刻的我不会想到，这里竟然处于祖国的最西北。后来感染我的是它醇厚的民风、善良的人们和一张张天真的笑脸。那是个可以让人融化的地方，因为你可以天真、可以幼稚、可以尽情撒欢，没人在意你的软弱，你也就可以毫无防备地放下伪装。当你身处众人之中，一切都变得温暖起来。那是个夏季很短，却又让人最难感觉寒冷的地方。那时的我最喜欢三五知己小聚的生活，也最喜欢赶在落日前一个人在城中游荡，或许只要愿意，无忧无虑便不再是梦想。乡间的生活也是简单得可爱，大概就是那种朴实的生活才让人渐渐产生，一个姑娘一只羊我便愿意在此厮守一生的愿望。

会喜欢它，就不能不提它的风光，多变的雅丹地貌，神秘的山顶湖光和亲切原始的毡房。还记得我是在雨季来到了那片人间天堂，雾蒙蒙的样子让它多了几分神秘，少了几分雄壮。可这却也是个容易让人感到孤寂的地方，慢节奏是它的代名词，对于一个过客来说安静的地方却也容易心生悲凉。不要一个人独自享受这份安静的狂欢，让你最爱的人和你一起在这里体会童话中的生活，忘记世俗纷争，丢掉众人看法，找回初心做自己或许才是那片土地送给你的最好的礼物吧。

一个姑娘一只羊，其实我想要的可能不止这些，我还想要美景，还想要三五知己，还想要寄托思绪的草原和蓝天，但恰好这里都不缺，或许想来想去，这里差的就是一个愿意一直陪你的人和一只向你诉说着它古老历史的绵羊。

一年支教路，一生边疆情

第十七届　李雪

“到西部去，到基层去，到祖国最需要的地方去。”伴随着时代的强音，我积极响应祖国号召，加入了天津大学第十七届研究生支教团。在神湖路小学，我负责二年级五个班近 200 名学生的地方课，还担任过两个月六年级毕业班的数学老师。第一天站上讲台前，我是那么忐忑不安，反复练习课上要讲授的内容，生怕自己因为紧张忘记要说的话，甚至为了提示自己把设计好的每一句话打印出来攥在手里。我永远不会忘记第一次站在讲台上大声说出“上课，起立”时内心的激动，也不会忘记孩子们说“老师好”时灿烂的笑脸。

二年级学生年龄小，自制力差，注意力不容易集中，导致上课纪律较难维持。但地方课是讲述家乡新疆的自然、人文、物产等方面知识的课程，对他们了解自己的家乡、拓宽知识面有很大的好处。能够为学生们讲述这门课，我深感责任重大。为了使学生接受起知识来更容易，我经常去听同科或同年级的有经验的老师讲课，虚心向他们请教讲课方法和管理课堂纪律的方法。他们告诉我要多鼓励孩子，经常性地夸奖表现好的孩子，还可以准备一些小红花或者棒棒糖之类的奖励。小孩子特别喜欢向老师夸奖过的孩子学习，这样有了好的榜样，全班就能带动起来。课堂纪律好了，讲课的效果自然能事半功倍。

讲课真的比想象中累很多。一节课讲下来口干舌燥，第一周 10 节课讲下来嗓子就肿了。我和研支团的另一名老师高阳就一起买了金银花泡水喝，平时注意不吃辛辣的食物，保护好嗓子才能更好地给学生们讲课。每当觉得上课很累的时候，我都会想到自己上学时遇到的老师们，才真正体会到老师的谆谆教诲是多么宝贵，真正理解了这句话——“老师是天底下最阳光的职业”。

我会根据对学生的了解，制订详细的教学计划，并通过制作生动的课件尽可能培养学生的学习兴趣。在上课之前，我会反复练习讲课过程，争取在课上取得最好的效果。我还会回忆自己上学的时候老师是怎么讲课的，自己在学习过程中遇到过什么问题，设身处地为学生着想，这样才能让学生真正吸收知识。同时，我积极参加教研组的各项活动，与学校教师关系融洽，迅速地融入神湖路小学教师队伍中。

在讲课时，我力图避免填鸭式的教学模式。除了基本课程内容的讲授，我千方百计地启发学生自己带着问题去分组讨论。这样课堂气氛会非常活跃，学生的交流能力和表达能力都得到了良好的锻炼。学生普遍反映地方课生动有趣，既学到了知识，又提高了思考问题、表达想法的能力。特别是原来上副科课不认真听讲的学生，现在上我的课总是兴致勃勃，认真听讲，积极地回答问题。因为很多学生是少数民族，对汉语的掌握不太好，说话不清不楚，现在却能清楚流利地表达自己的想法。这样的转变对他们以后的学习和生活都大有裨益。

在上学年临近期末的两个月中，六（3）班原本的数学老师因身体原因请假，我从此多了一项工作——在毕业班任数学老师。这项工作比之前工作的压力大很多。因为不仅讲授知识的难度加大，更关系到学生“小升初”和“内初班”的考试。为此我在认真备课、努力讲课的基础上，仔细批改每一次作业，带着有错误的学生一题一题地订正。功夫不负有心人，在上学年的期末考试中，我所带六（3）班的 43 名学生的数学成绩均有所提升。这样的成绩和我认真负责的态度，得到校领导、老师和全班学生的一致认可和好评。

为进一步提升六（3）班学生的学习成绩，我利用支教团的“丰羽路”活动，在晚自习时间对 17 名住宿生进行涵盖所有学科的辅导。虽然我的力量有限，但我希望能尽自己最大努力让我教过的学生科科优秀、全面发展，这样才不辜负我们师生一场。

从入选研究生支教团的那一刻起，我就清楚地知道，自己这一年除了本职工作，还要完成好团内工作。这一年，我们结合往届经验开展了神湖路小学和高级中学“丰羽路”课外培训班、“牵手行动”——布尔津镇帮扶结对培训班、神湖路小学北洋童声合唱团、窝依莫克乡第二初级中学和布尔津县初级中学求实团校及“线上课堂”等五项活动。在这些活动中，我和其他成员尽心尽力，利用自己下班后的休息时间，冒着寒风大雪，为县内高中、初中和小学各学段的学生开展形式多样的课程。我们不仅关心他们的学习，还给他们带去除了课本之外的有关青少年成长、未来选择、社会发展等多方面切实有用的知识。这些活动的开展，不仅弥补了我们支教内容的缺失，让我们能更加全面立体地为孩子们讲授知识，还能带孩子们走出原先小小的世界，让他们走向更广阔的天地。

在这里，有着一双双对知识、对外面的世界充满渴望的眼睛，有着一群兢兢业业工作的基层教师，有着对远离家乡的我关爱备至的领导们。虽然我已经完成了一年的支教，但是个人的力量是有限的，边疆教育的发展需要更多人的奉献和社会各界的广泛支持。在我们共同的努力下，我相信边疆的教育质量会有巨大的提升，边疆地区的学生们会有更美好的明天。

一年支教路，一生边疆情。我始终坚信最初的信念：用一年不长的时间，做一件终生难忘的事情。我会一直走在志愿服务的路上。

我们的故事“未完待续”

第十八届　包妍妍

“我想，研支团会永远活跃在我的生命里”，这不是一个蕴含着“夸张”和“拟人”手法的形容句，而是实打实的陈述句。因为在抵达新疆的初期，我便在网络上和它牵了一根“缘分线”——微信公众号“北洋研支团”（原名：青春西遇 TJUer）。

初次来到大美新疆，无论是纯真可爱的哈萨克族小朋友，还是童话仙境般的美景，抑或是让人戒不掉的美食，总给我一种想要把它记录下来分享给更多人的冲动。刚刚学会运营公众号的我，觉得可以通过网络将我们的故事和所见所闻说给更多的人听，也为天津大学研究生支教团创建一个可以一直写下去的“纪念册”。正巧，支教期间的舍友王禹是建筑学院的才女，我们创建了微信公众号“青春西遇 TJUer”，她设计研支团标识，我来申请账号运营，其他小伙伴一起供稿支持，慢慢将微信号运转了起来。2016 年 8 月 28 日，我们发表了第一篇文章《十四年，我们用传承书写支教情》，整理了部分支教团的历史照片，邀请第十五届至第十八届的四位团长写下寄语，将公众号的名片和标识正式推出，并沿用至今。

由于客观原因的限制，公众号只能申请为“个人账号”，因而“管理员”的身份无法流转，随后的时间里，每一届研支团的小伙伴只能通过与我“私聊”的方式被添加为管理员。而那时已经返回天大读书的我开始担心，是否有一天，新的支教团丢失了我的联系方式，公众号无法继续传递给下一届的团员，而这本“纪念册”最终将被埋藏在时光里无人问津？一时间得不到答案，我也只得嘱咐学弟学妹，请务必记得我的微信（yan-yan-byy）和电话。

转折发生在 2019 年，这一年公众号正式更名为“北洋研支团”，而我也在毕业后留校成为辅导员，我确定和研支团的“缘分线”会更长。每一届支教名单公布时，我总会认真地浏览他们的名字，然后开始期待新的小伙伴成为管理员。而在 2021 年，我也骄傲地将我带的毕业生刘习添加为公众号的管理员。

这段支教故事，其实不是“包妍妍”的支教故事，而是我们所有支教团成员的故事。感谢 2016 年至今，甚至是未来的所有“北洋研支团”管理员，谢谢你们让这个虚拟的账号变得鲜活，变得充满责任与爱。第一次线上活动，第一次发布视频，第一次义卖……每一次微信公众平台安全助手给我发来推文提示，我都会第一时间成为支教故事的阅读者，并再次勾起我曾作为故事“创作者”的幸福回忆。

一切如命中注定那般，让我在 2016 年申请了这个公众号，让我在 2019 年以辅导员的身份陪伴研支团一直走下去，让我可以看我们的故事未完待续……

去田野里撒野吧

第十八届 侯亚男

整理了衣服，走进教室。“上课！”“起立！”“老师好！”不知道是不是错觉，这是我听到过最整齐、最洪亮的一句“老师好”。“同学们好，请坐！”

经历过初次相遇的怦然心动，体会过遇见惊喜的欣喜若狂，感受过时常担忧的惴惴不安，而今，却找不到合适的形容词去描述现在的百感交集。一个学期，就这样，结束了……

自认为不是矫情的人，却在昨晚给小孩子留寒假作业的时候，突然间对这些曾经让我“咬牙切齿”的孩子有点舍不得。刚刚给小孩子上完了这学期的最后一堂课，想过很多次最后一堂课的场景，或抱头痛哭，学生泪汪汪地说一句“老师啊，我舍不得你”，或全班联欢，学生可爱的脸上洋溢着笑容，“老师，你可算不用折磨我们了！”，却没想到，最后一堂课，平平淡淡地安排了考试复习，潇洒地说了句“最后一堂课，大家要认真听”，拍了张合影，就这样结束了。突然间觉得心里空落落的，想写点什么却又不知道从何写起。上一次有这样的感觉，似乎是 5 个月前，离开学校的时候……

我告诉你们外面的世界很精彩，你们告诉我这里的生活很简单，大概是半年内自己的全部体会。

本来对这次必须站到教育岗位上的安排，有些害怕甚至抵触。毕竟是非教育专业的学生，生怕自己一身的毛病把学生带跑偏了。就这么刚刚好，“班主任大礼包”砸在脑袋上，看着一排“波拉提”的名字头疼了一宿。

对于学生，我们这群“并不专业”的老师，究竟能给他们带去什么？究竟应该怎样面对一年的工作？在去新疆之前我思考了很久。这些问题也贯穿了我整个支教时光。

我还算是个认真的人，仅用一周就能准确叫出每一个孩子的名字。在起初课本没发的时间里，也许是心理素质极好，也许是脸皮厚，站在讲台上跟学生胡侃，竟从未有过紧张。我给他们讲我的经历，他们给我讲新疆的生活。久而久之，我发现了我们这些“支教老师”的不同，比起在岗教师，我们更年轻，更愿意倾听，也更愿意分享。

六年级的孩子，已经慢慢有了自己的理想。我尽力给他们展示我所经历过的，挫折也好，成功也罢，把每一段经历变成一个故事，讲给他们听，引导他们，梦想属于每一个人，只要你想，就去努力。欣喜的是，他们似乎很喜欢听。有的时候他们睁大眼睛问：“老师，你去过北京吗？是会有很多人看升旗吗？”有时候他们会跑过来说：“老师，我以后也想出去看看。”

我尽力地告诉他们外面的世界很精彩，要努力，走出去看看。我不知道我带给他们的影响有多大，但不知不觉中发现，他们向我展现的生活是如此简单。

课堂上造句，总有孩子说出“我的女朋友……”引得孩子们哄堂大笑。“老师，我说我的女朋友是真的。”孩子一脸认真地告诉我。我总是笑笑说：“你们要珍惜现在身边的朋友，你们现在的感情，不能叫爱，应该叫友谊。”

可是仔细想想，也觉得，喜欢本来就很单纯。我喜欢你，你就是我的女朋友。

“为什么你总不写作业？”为了这点作业，真是“与天斗，其乐无穷；与地斗，其乐无穷”。作为一个极其没有耐心的人，我每天都跟一群孩子斗智斗勇，偶尔也觉得当老师挺不容易的，也会产生“我明明是为你好啊”这样的抱怨。

“外面飘起了大雪，咱们下一节课出去打雪仗。”全班欢呼雀跃，甩起了帽子、手套。心中三条黑线，不就打个雪仗而已，至于这么兴奋吗？在雪地里，两个班级，我们四个支教老师，分不清谁是谁，见到就是一个雪球，好不热闹，从前面的操场追到后面的足球场，手都冻僵了，人也湿透了，还在傻傻地笑着。

沐浴在新疆的阳光之下，天空是一抹深邃的蓝，晴朗的夜晚，看到的是漫天繁星和银河。我记得在喀纳斯探寻黑湖时，看到辽阔的草原时，感受到的自由。从小在这种环境下生长，心胸自然开阔，能容天地，性格自然放荡不羁，像匹野马。外面的世界确实很大，我也看了不少。现在我很喜欢这里的生活，简单而单纯，柴米油盐，这里的日子，年轻而欢脱。

谢谢你们，让我在步入社会前，找回了那个最年轻、最放荡不羁、最真实、最简单的我。也祝福你们，有一个美好的未来。能让我在田野里，撒点野。

我亲爱的布尔津

第十八届　李承霖

深夜，我将在新疆一年所有的照片翻了一遍，可爱的支教战友，美丽的布尔津，熟悉的高级中学校园，多年未见的朋友，热情洋溢的舞蹈，美丽的喀纳斯……

这个小城是如此美丽，夕阳下的额尔齐斯河，伴随着夜市烧烤，散发悠闲而迷人的味道；高级中学的蓝色屋顶，永远有洁白的棉花云朵环绕，学生们穿着校服在草地上嬉戏；牛羊和骆驼懒洋洋地在街边踱步，调皮地把气息喷到你的身上；喀纳斯酒厂北边的布尔津县白桦林，藏着神秘的蘑菇和哈萨克族牧民的马群。

这里的人如此可爱，校办的小伙伴经常带我吃各种美食，并邀我到家中做客吃肉，校领导每个节日必慰问我们，高级中学其他同事们都经常带着我们聚会，吉林省援疆老师们与我们一起办活动，还有教育局教我们哪里买菜便宜的哥哥姐姐们，徒步时热心邀我做客的哈萨克族小男孩，太多太多熟悉的脸庞涌现脑海。

这里景色如此优美，我在杜来提看过沙漠下大雨，在喀纳斯看过清晨阳光穿过杉树林间的迷雾，在福海吉力湖看过夕阳将海上魔鬼城映红，在可可托海看过雪花打落金黄的秋叶，在窝依莫克悬崖看过哈萨克族牧民用石头摆出的心形，在乌伦古湖看过牧民骑着骆驼驱赶羊群，在布尔津县南戈壁上远眺风车与野山羊。

这里的美食如此可口，回民拌面、干煸炒面每周至少吃两次，香园辣子鸡只要开门就赶紧点上一大盘，两个波尔萨克、一盘小菜、两碗奶茶是我们的早餐标配，双桥大盘鸡的裤带面吃得津津有味，各种烧烤配乌苏让我们流连忘返，当然最难忘的还是朋友家自己煮的手抓肉和粉汤。

在布尔津的一年，我们这些支教团孩子都释放了天性，尽情探索本性，留下了数不清的故事。我们一起举办活动宣传天大，一起参加文艺演出，一起买菜做饭，一起交流工作中的开心与烦恼，朝夕相处让我们彼此的羁绊日益深厚，以至于多年后的一个单词、一个地名就能勾起共同的回忆，痛饮杯中酒，恍惚中又回到了那个冬天，骑着马飞驰在林海雪原，将烦恼与冒着烟的毡房抛向脑后。

离开的时候，我用手轻抚那片土地，将灵魂的一部分留在了那里。我时常梦见自己变成了一只鹰，飞过准噶尔盆地，飞过阿尔泰山脉，穿过风车林与额尔齐斯河，盘旋在布尔津上方，梦里的小城藏在云朵下，像一个熟睡的婴儿，我一次又一次从梦中惊醒，不觉已头涔涔而泪潸潸。我打开手机看着朋友圈一张张熟悉的面孔，时光一去不复返，再忆已非梦中人。不知不觉已离开将近五年，回到你身边时，我将以什么形象面对你，你又将以怎样的容颜回应我，亲爱的布尔津？

有一种回忆叫新疆

第十九届　赵云龙

时光如水，白驹过隙，支教时光已成回忆。那一年，和来自祖国各地的小伙伴志愿服务在童话边城布尔津，将青春热血挥洒在那里，那次离开后再次相见不知何时，但是在那里共同留下的故事，是我们一生中重要的回忆。那一年有太多太多故事，有心酸但更多的是幸福，有不易但更多的是成长，有奉献但更多的是收获。

那一年，遇到了很多缘分，给予了我们帮助和支持的团委、教育局、活动中心的领导和朋友们，一起下过乡、建立了牢固友谊的天大研支团大家庭，一起在布尔津的志愿者们，还有东北大学等研支团的小伙伴以及短暂相识的其他朋友，他们共同编织成了我这一年的生活点滴。

那一年，那条从东区宿舍到单位的路很短，只有区区的两公里，却也很长，我走了整整一年；那条路很单调，沿途没有太多动人的风景，却也很丰富，写满了我一年的支教故事。那一年，累计教过的 200 多名学生，一张张笑脸就是对自己最好的安慰。走在校园里或是大街上，听到一句“老师好”，那种发自内心的幸福是什么都无法比拟的，教师这个职业是伟大的、辛苦的，却也是幸福的。

那一年，过了人生中第一个也可能是最后一个教师节，感受作为一名老师的幸福与责任感。那一年在全是女老师的单位蹭过了人生唯一一次妇女节，这种幸福是一年的缩影。那一年，切身重温了六一儿童节，小时候觉得长大了真好，长大了觉得小时候真好，其实过好当下即为最好。

那一年，每天都在输出，让我意识到了更要输入，只有知识的输入大于输出，自己才能成长。所以无论多忙，每天都要看书，100 本书的目标自己超额完成了 120 本，写了 213 855 字的读书笔记。身体和灵魂总有一个要在路上，眼睛和思想总有一个要在书中。

那一年，由于工作原因几乎没有假期和周末，也没有睡过一天懒觉，感谢工作让我养成了这些好习惯，而好的习惯还不只有这些。毕业了，才知道学校的好，工作了，才知道老师的良苦用心，未来一定好好学习，好好工作，好好做人。

那一年，文武之道，一张一弛，忙碌的工作之余与团长切磋球技成了必备的运动，经过老祁的新疆特训，江湖称我“小李广花龙”，我掌握一手精确的投射万箭穿心。这也成了自己解压的重要方式，大汗淋漓才是青春该有的模样。

那一年，时刻牢记自己是天大人，无论在哪里都不能给天大丢脸，因为优秀是天大人的习惯。用一年不长的时间，做一件终生难忘的事；用一生不短的时间，将天大精神传播到祖国的每一寸土地。

那一年，我打破了桎梏，走出了原来的天地，看到了新的世界，也看到了自己性格上的不足，那些原来不知道、不想承认、不敢承认的弱点。我磨平了我的棱角，却也在磨破的地方长出了羽翼。

那一年，我看到了努力不一定成功，因为天赋是摆在每个人面前的残酷现实，但是你仍然要努力，不完全是为了那个结果，而是为了向别人展示你的人生态度。人活在世上，还不是为了让别人说你一句好。一边努力，一边等待，时间会把所有你想要的东西慢慢给你。

曾经的不可能，曾经的无法翻越，曾经觉得熬不过去的痛苦，走过之后都是美好的回忆。感谢生命给了我那一年，让我在那里寻找我的诗和远方，它已经成了我的第三故乡。在那里我找回了流离失所的精神、背井离乡的灵魂，从某种意义上说，那里就是我的瓦尔登湖、我的悟道龙场。我在那里找到了另一个自己，做到了一个人来，两个人回。

从祖国东海岸，到西北边陲，我用双脚丈量着我的青春；从台下听课，到台上讲课，我用热血浇灌着祖国的花朵。那一年的志愿服务经历是值得我终生铭记的。在不长的一年时间里，我做了不止一件终生难忘的事情，最重要的是深刻体会了“奉献、友爱、互助、进步”的志愿精神。

那些人，那些事，那一草一木，那一山一水，那些通宵和凌晨三点，都成了美好的回忆。不要问新疆能给你什么，要问你能给新疆带来什么。我能做的不多，但至少我做了，让祖国最后一缕阳光见证青春热血。

有一种青春叫志愿，有一种回忆叫新疆！

我的第二故乡

第二十届　汪梦媛

我来自北京，是天津大学第二十届研支团新疆分团成员，曾经于 2018 年 8 月至 2019 年 7 月在布尔津县冲乎尔镇寄宿制中学支教一年。乌鲁木齐地窝堡机场是我去过第二多的机场，次数超过我求学的城市天津的滨海机场，阿勒泰机场是我去过第四多的机场，仅次于天津滨海机场。布尔津，是我名副其实的第二故乡。

今年夏天，借疫情防控期间的长假，我辗转来到第二故乡布尔津，有了一段 20 天的公私夹杂的停留，也亲眼见证了“故乡”这一年来日新月异的变化。

“故乡”的亲人

布尔津一定是一个被神仙吻过的地方，没有半个月大抵是不能看遍她的美景的。喀纳斯、禾木、五彩滩、也拉曼、黑流滩、七里滩，这些地方我都曾踏足，但在我心中这里最美的并不是风景，而是“故乡”的亲人们。

德育处的卓力老师是我结交的第一个哈萨克族朋友，他每天早上都会对我说声“汪老师好”。

第一次见面的时候，卓力老师问我：“老师，你家是哪的？”

我说：“我家是北京的。”

卓力老师眉飞色舞地说：“北京嘛，我去过那个八一中学！”

我愣了一下：“我就是八一中学的！”

“八一中学，就是那个习近平总书记的母校！”卓力老师进一步补充道。

“对对对，就是我们学校！”我掏出手机，找出了母校东门的图片。

我中学六年均在北京市八一中学就读，卓力老师到我母校进修的那一年，我高二，他的导师是我初中时期的年级副组长。我清楚地记得，那年我们班上来了一位维吾尔族老师。

卓力老师是个十分热心的人，周围的同事对他好评有加。为了让我在新的环境中多一些参与感，他经常与我聊起在八一的经历。有一次，我与他借了 U 盘打算重装系统，说完之后便去上课，下课回来的时候发现系统已经装好了。

无论是研支团宣讲还是日常聊天中提及支教，我要讲的第一个故事都是我与卓力老师这段神奇的缘分。

我的师父杨老师是我在新疆的兄长和最重要的朋友。我起初是学校唯二的音乐老师之一，但我也只在四岁半的时候学过半年音乐，可谓矬子里拔将军，我对职业生涯毫无信心。杨老师对我说得最多的一句话就是“我希望你变得自信”，更将这种“希望”变成一种“要求”。我是一个时常用笑容掩盖不自信的人，他是为数不多看见我不自信的人。因为他，在这一年中，我确信我变成了更好的自己。我没跟他学多少音乐知识，大抵是自学的，我跟他学会最重要的东西是自信。甚至连妈妈都曾说过：“杨老师算是你遇到的一个贵人。”2019 年 7 月，他赴乌鲁木齐参加新疆卫视《辉煌七十年 歌唱祖国》节目，我帮他拍摄并剪辑了个人介绍 VCR，常戏称自己一个人撑起了师父的摄像团队。我也常调侃在他的帮助下学会了很多软件，因为每次他请我帮忙，我都是先夸下海口，再回去逼自己把软件学会。

师父鞠老师在我高烧的时候照顾我到深夜，李老师数次听我诉说心事，郑老师带着我在校园里挖野菜，王老师盛情邀请我到家中留宿，阿老师骑着摩托车带我出去兜风……其中的每一个故事，如果有茶有酒，都够讲上一天一夜。

2019 年是我的本命年，在离岗的前一天，我与亲人们一同过了一个最特别的生日。那一天我听到了二重唱的生日快乐歌，听到了用哈萨克音乐表达的祝福，收到了哈萨克族最有特色的礼物，在自己订的蛋糕出问题的情况下，我还额外收到了两个蛋糕。最重要的是，能跟这些我爱的人一起度过这个 12 年一遇的特殊生日。

其实最重要的亲人，还是可爱的孩子们。有时候人的成长是一瞬间的事。虽然 18 岁的成人礼是在高中，但生活在校园的象牙塔中，我们大都还是在父母、师长庇护下的孩子。与孩子们的相识让我既感觉仿佛回到往日的童真岁月，又开始学着真正做一个大人。

14 岁的我已经代表北京市到长沙参加全国竞赛，14 岁的我的孩子们有大多数还从未离开过布尔津。孩子们会围着我问北京是什么样子的，我去过哪些国家，我会不会说英语。他们的愿望很大很大，大多数想考天津大学和东北大学（天津大学和东北大学研究生支教团供职于布尔津县，孩子们对这两所学校了解较多）；他们的愿望很小很小，希望下次考试能及格。我希望未来有一天能亲自带着他们去看一看世界，那时候的我，便先带着他们用我自己的眼睛看世界。

我有时候会以长辈的姿态，引导他们走向正途，有时候也会以朋友的身份，听他们倾诉生活中的烦恼。友人常会赞叹我太有耐心，能够收服这群恰逢最难管的年龄的小神兽，而我却觉得，只要肯多花些时间走进孩子们的内心，其实他们都不过是一张白纸，上面画了寥寥几笔而已。

娜孜尔克会因为青春期的身心变化而烦恼，阿合古会因为学不好数学而着急哭泣，阿赛尔和那尔波力都喜欢听我讲宇宙的故事，古丽德尔艾义会跟我分享她的小秘密，叶丽娜的理想是当一名很出名的主持人，别格扎提总是有点自卑，努尔波拉提总故意把自己的名字写成“梅西”，乌拉哈提喜欢模仿我的北京口音，肯巴特喜欢模仿我讲课的语气，迪达尔的数学成绩曾经翻了一番……如果还有篇幅，我想把每个孩子的故事都书写出来，我也很荣幸，自己参与了他们每个人的故事。

欢送会的时候，大多给我赠言的孩子说的都是“老师我希望你不要走，一直教我们到初三”。我明白他们汉语表达能力有限（我任教的双语班学生从小学高年级才开始接受全汉语授课），但他们心中所愿不用语言我也知晓。离开以后，我与他们还有着密切的联系。

娜孜尔克的目标不是天津大学，她在 QQ 上告诉我，她想考南京大学天文系。我很欣慰，因为她在我的引导下，真正去思考和挖掘自己人生的可能性。支教团好友秀哥曾经说过：“咱们就好比在一个沙漠里，只有互相扶持才能走出去。”我们作为彼此的兄弟姐妹，的确在这一年中互相扶持、互相关爱，但回首那一年会发现，我们走过的，并不是一片沙漠。

“故乡”的礼物

我不是一个善于表达感情的人，我表达爱的方式就是把我最好的东西都拿出来。所以这一年中，我为“故乡”准备了很多礼物。

2019 年寒假，我的朋友和父母的朋友听闻我在新疆支教，为我的孩子们捐赠了数十斤毛绒玩具、衣物、学习用品，妈妈还给孩子们买了北京特产——果脯。由于邮局规定，30 公斤物资全部要拆开检查，工作人员都劝妈妈不要寄了，这些物资的价值还不及运费。但妈妈说：“答应过孩子们的，就要兑现。”

30 公斤物资辗转从 3 000 多公里外的北京来到冲乎尔镇，孩子们也因此触摸到了北京，尝到了北京。妈妈说：“就跟孩子们说这是姥姥给的。”我的伙伴戏称：“阿姨是孩子们的北京‘小姥姥’。”

拆快递的时候，我也颇有些兴奋，因为包裹中还有我赠送给冲乎尔镇寄宿制中学的一件礼物——我利用专业知识测绘的冲乎尔镇寄宿制中学平面图。

2019 年 7 月，我邀请天津大学建筑学院城乡规划系三位硕士研究生前往冲乎尔镇，对合孜勒哈英村进行乡村旅游规划，调研过程中受到了冲乎尔镇政府、冲乎尔镇寄宿制中学和合孜勒哈英村村委会的支持和帮助。

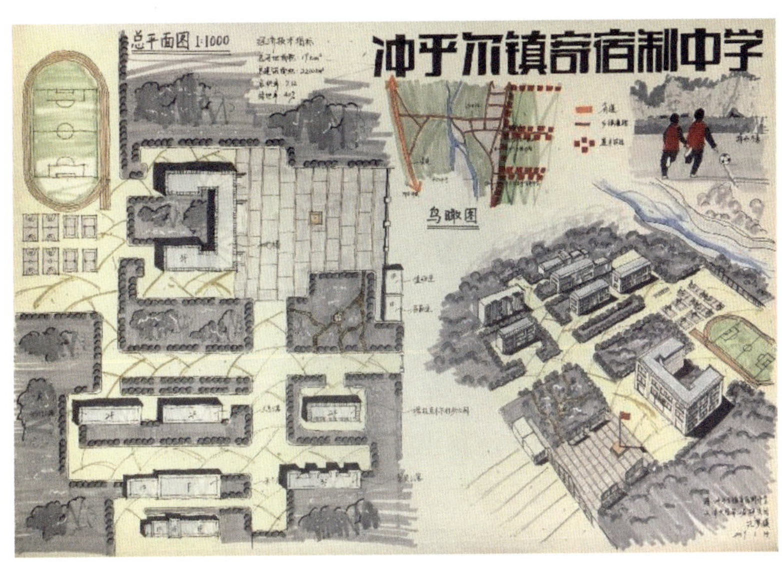

后来，我们以本次实践获评天津市社会实践先进集体，以此为主题撰写的论文《区域融入视角下乡村旅游联动发展路径研究——以新疆阿勒泰地区合孜勒哈英村为例》被收录于 2020 城市规划年会论文集。

这次行程，得到了我的导师——天津大学建筑学院陈天教授的大力支持。说到陈老师，那就要说到我今年夏天再踏上布尔津这片土地的故事了。

再访“故乡”

当我把前往伊宁的机票信息发给友人时，便以为友人会明白我的新疆之行必有一站是布尔津的，但见其焦急询问，我也只得会心一笑回道:“到了新疆，怎么能不去布尔津呢？”

此行布尔津，一部分是为了度假访友，另一部分则是为了拍摄布尔津的风貌。前往布尔津途中，陈老师得知我身在新疆，遂提出让我到冲乎尔镇调研，探求将其发展成为天津大学建筑学院规划实践基地的可能性，于是我还多了这一项调研任务。

我随友人走访了冲乎尔镇的两个贫困村——阿克阿依日克村和波尔托别村，观看了布尔津县文旅局“扶贫扶志，感恩奋进”文化巡回服务活动的“文化进万家”文艺演出。

我静静坐在观众席后面，用视频记录下演出中的精彩时刻和观众席上的群众百态。当被昔日的学生认出要求合影的时候，我也会欣然摘下墨镜和口罩，把笑容留在他们的手机里。

在扶贫知识问答中，连垂髫小儿都对相关政策了如指掌，可见扶贫工作已然在基层深入人心。

我有幸走到扶贫第一线去调研走访，体会到了看得见、摸得着的扶贫工作，也对“打赢脱贫攻坚战”这句话有了更深刻的理解和更坚定的信心。

次年，在陈老师的指导下，我署名第一作者的论文《布尔津河畔的“阿吾勒”，红叶林间的“阔西安”》也被发表在了《人类居住》杂志的“人居揽胜”栏目。我真正实现了“把论文写在祖国西部大地上”的梦想。

虽然我国已然全面脱贫，但西部的建设仍然任重道远。作为一名城市规划师，祖国西部的城市是我无比向往也值得我奉献热血的地方。

用心浇灌，以爱同行

第二十一届　杨思超

2019 年 7 月，穿过辽阔的华北平原，一路西行，一反黄沙大漠的西北印象，宕昌用她的重峦叠嶂向我张开了最朴实厚重的怀抱。我平凡但拥有星光点点相伴，平淡却始终心火燃燃的支教服务生活，在骄骄烈日下赤诚火热地展开了。如今回首，这时光竟流逝得这般迅速，一载恍然而过，自豪的是，能够作为天大研支团甘肃分团这个有力而温暖的大家庭一分子，与全体成员携手并肩，心怀家国，踏实工作，互助互爱，恪守“奉献、友爱、互助、进步”的志愿精神，助力母校扶贫事业，为甘陇大地的教育事业注入天大力量。更幸运的是，与其说这是一段“付出、奉献”的日子，对我来说，“收获、成长”才更符合这段时光的主旋律，感谢努力的自己，更感谢这片深沉的土地、身边美好的人儿，让这段经历注定成为我人生中一份绚丽的馈赠、珍贵的礼物。

授之以渔，守职不废，教学相长共蜕变

我教的是高一物理。尽管心怀无限忐忑，但教学工作很快拉开了帷幕。“不仅要教，还要教好；不仅要教好物理，还要用心用爱呵护每一个孩子，带他们打开通向新世界的心窗”是我为自己设立的教学目标。“每备一课做够一百道题”，对课程内容、考核形式具有宏观的全局把握，是我从始至终践行的教学准则。我坚信，比教授知识更重要的应该是让孩子们认识到学习的重要性，引导他们学会自主学习，培养良好习惯，逐渐提升能力。做实验，用视频、动画丰富教学手段，将周考引入教学安排，带孩子们看日食，寓教于乐，我努力把兴趣的光点亮。

“只要你们愿意学，就不存在学不会，一遍不行就两遍，我愿意陪你们一起努力。”一年间，所带班级每次考试均名列平行班第一，班级均分超平行班五分左右，孩子们取得优异的成绩是对我 800 个课时、披星戴月付出的最大肯定。开学以来，先后为六个班约 300 名学生代课，我实现了与每一个孩子进行一对一交流的目标，给他们每一个人写一封信，沉甸甸的三万字手写信件记载了我们之间双箭头的爱与信任，这是对我教学工作最为美好的镌刻。

联结津宕，同频共振，智志双扶齐发力

在宕昌抬眸，映入眼帘的只有连绵的青山，甘陇大地的山已经阻碍了甘肃几十年的发展，不能再封闭甘肃人的心了，让他们有看到远方的希望，有走向山外的力量，有回到家乡改造

建设的能力，是我更大的使命。天津大学研支团为宕昌的脱贫攻坚事业持续注入天大力量，能代表学校成为扶贫一线战士是我的荣幸，我们更应该做好桥梁，联结双方，整合资源，发挥力量。

我积极与天津大学科技创新创业协会联动，为孩子们“云上筑梦”，主导开办“云课堂”，用屏幕联结津宕，让天津大学的教师用科学精神和家国情怀引领学生，让青年朋辈用青春故事和奋斗足迹感染学生。课程受到服务学校师生的广泛好评，先后被中青网、科学网等 30 余家媒体多次报道；抓住关键节点，播种理想信念，在抗战胜利纪念日，开展“爱国第一课”，跨越千里与天津大学共升国旗，在新中国成立 70 周年，组织“表白祖国”大型活动，活动视频获逾 40 000 次观看，活动被天津团市委、央视新闻官方点赞；与太雷班共同发起“春蕾筑梦计划”，发动天大优秀学子远程支教，做孩子们成长路上的引路人；发起求实团校，贯彻落实团的工作，培育学生的家国情怀和理想信念；针对学生实际情况，打造特色品牌校园活动“宕寻津喜杯”班级挑战赛，在学校掀起竞先学习的热潮，引导学生形成良好学风、班风；“传承五四精神，勇担家国使命”辩论赛，原创命题、赛制，将“成长”作为活动内核贯穿始终，在锻炼学生的逻辑、表达能力的同时，引导学生在青年时代以开阔、多元的角度聚焦人生价值的实现以及对家国的贡献等命题，成长为有思想、有担当、有抱负、有情怀的青年……在宕昌的日日夜夜，我深刻地体会到了“实践出真知”的奥义，在实践中用心潜行带来的成长，孩子们的成长和我自己的成长都是令人惊讶而欣喜的。

齐心协力，拔节孕穗，心系家国同成长

这段时光对于我来说，无疑是让我受益斐然的。我对工作、社会都有了更生动的理解与体会；走上三尺讲台，更让我对教师这一职业感触极深，教学相长，实属真理，修炼“用心、耐心、恒心、爱心”让我成为更好的自己。

暑期我有幸协助县委宣传部到乡镇走访调研，为乡镇第一书记、“最美宕昌人”撰写材料，发布于学习强国平台。调研过程中我深入了解脱贫攻坚工作的进展，看到目前取得的成绩，易地搬迁、建立合作社、发展产业……这些行之有效的工作切实改善了成千上万人的生活，并为当地注入了源源不断的生命力，让我深刻意识到我们脱贫攻坚工作的伟大与艰巨，而能为之贡献一份力量是我的荣幸。

感谢这座巍峨大山里的小城，感谢每一个纯真善良、眼里有光的孩子，感谢遇见的每一位热心质朴的宕昌人民，给予我们支持与爱，给予我们信心与力量。

宝贵的服务时光已经结束，但我的志愿之行永远不会停歇，未来，我仍将谨记志愿服务精神，助力扶贫事业，在更广阔的平台坚定脚步、贡献力量。用爱燃希望，用心做蜕变，和孩子们一起拥有更美好、从容、有尊严的未来，书写出属于我的青春志愿故事。

我在大寨这一年

第二十二届　贾浩然

2020 年 8 月 22 日下午，在兰州前往哈达铺的高铁上，带着对未知的好奇和不安，我就这样开启了自己一年的支教生活。

当我第一次踏入宕昌县城时，还是被两侧连绵的大山所震撼，两条干净整洁的主干道错落在大山“夹缝”之间——这是我对这个曾耳闻无数次的小城的第一印象。正当我摩拳擦掌准备大干一番的时候，县里项目办通知我因为支教的学校发大水冲毁了供电设施，预计要推迟一周开学，这突如其来的洪涝灾害一下就浇掉了我一半的热情。而当我来到我所在的大寨九年制学校时，傍山而建的教学楼再一次刷新了我的认知，饶是在黄土高原长大的我也没见过这种情景。这时我才突然意识到，对于宕昌的孩子们来说，“走出大山”不是一个抽象的概念，而是实实在在的具象，肩头上的责任一下子变得更重了。

在大寨学校，非师范专业的我第一次走上讲台讲授文化课，每次左支右绌的尴尬都在同学们鼓励和期待的眼神中化解，讲台下一双双明亮清澈的眼睛像一个个小太阳温暖着我，重新点燃了我一开始被消磨的热情。在我的想象中，农村的孩了都特别抵触陌生人，而这所学校里，即使不是我的学生，也会特别热情地同我问好，在听说我是天大来的支教老师之后，他们会开心地与我分享自己在暑期夏令营中和天大“小老师”们的故事。

同事们告诉我，几年前孩子们还很怕生，自从天津大学的同学们每年都来开展暑期夏令营之后，潜移默化之中孩子们慢慢变得外向起来。这让我对自己的责任和身份也多了一份认同，也许我们这些短期支教的老师改变不了一大批人，但是我们能在他们心中埋下一颗理想的种子，只要让每个人前进一小步，我做的事情就是有意义的。

一年下来，我授课年级的历史成绩从我接手时的全县同类学校第十一名跃居榜首，我也获评支教学校的年度优秀教师。每次进到班里，孩子们脸上洋溢出的笑容是对我最大的肯定。我也和母校老师、同学们一起开展了互联网 + 云课堂、书信交流、求实团校这些活动，搭建起了天大与宕昌孩子们沟通交流的桥梁，想让他们真正感受到山外世界的精彩，每次活动之后，孩子们总是特别喜欢与我交流他们对于新奇事物的见解，在这个时候我真的看到了他们眼中有光。

这一年，我经历了许多的感动。有刚来学校时同事们对我这个陌生年轻人的热切招呼和热情帮助，有学生之前抵触所有作业到从历史课开始慢慢提起兴趣，有期中考试后班级人均进步十余分的给我的惊喜，有生病时同学们轮番来宿舍探望、给我送药以至于药盒堆满了桌子的温暖，更有离别之际同学们来办公室给我递小纸条、送小礼物时流露的不舍，我会永远眷恋大寨这片热土。

这一年，我见证了许多的变化。这一年正是全面建成小康社会，实现脱贫攻坚和乡村振兴有效衔接的关键一年，虽然我在西部的时间不长，但是亲身感受到了短时间内的山乡巨变，学校办学条件明显改善，镇上高楼拔地而起，县里高铁和高速公路逐步通车；我感受到了基层广大党员干部，特别是我们天津大学挂职干部干事创业的热情，他们夜以继日不停工作，真正把自己的青春挥洒在了宕昌这片土地上；我更感受到了胜利成果的来之不易，也为自己能有机会参与其中而深感自豪。

这一年，我最喜欢做的事情就是深夜一个人趴在教师宿舍楼边的栅栏上看星星，我觉得我自己像一颗星，虽然并不耀眼，但是能为驱除黑暗闪烁微光；我的孩子们也像一颗颗星，置身浩瀚的星空之下，那永恒的炽热，能让我心中燃起温暖，看到对未来的无穷希望。

是困兽，也是赤子

第二十三届　解向川

“老师，你放弃我撒”

“老师你放弃我撒，在来你这里之前，我已经去过九个老师的办公室了，他们都放弃了，你也赶紧放弃我算了，别折腾了。”这是我和小Y的第一次正式对话中，他对我说的第一句话。起因是他上课调皮捣蛋，所以我邀请他来办公室喝茶。说完这番话，小Y便是一副油盐不进的模样。看着他一脸真诚“求放弃”的表情，一时间，我这个菜鸟老师竟有些无言以对。稍舒一口气，我对他说，“我是一个老师，我不会放弃我每一个学生。”然后在一番没有产生实质性作用的交谈之后，这次谈话在上课铃中草草收场了。

我知道这样的话他是听不进去的，可或许是冥冥之中的感应，或许是我感觉比较细腻，他嘴上明明在说“老师你放弃我撒”，我却听到了一个男孩的呼喊，诉说着他的不能自救，在向我求助，请我帮帮他。

我知道，我俩的故事不会像这次谈话一样草草收场。

“你很喜欢库里呀”

经历那天的谈话，小Y自然是没有一点改善的，他成为来我办公室喝茶谈话的常客。

“我中考英语就考了17分，我真的学不会英语。”“这些话，其他老师都说过了，没用的，你别白费劲了。”“哎呀，真的，你别管我撒。”“体育课马上就上课了，能不能别把我留在这里了。”

“那就从背单词开始，我上课你以后可以不听，自己背单词，背完找我验收。”“那你看老师们都没有放弃你，你凭什么放弃自己呢？”“我是你的老师，我不可能不管你。”

这样的谈话好像成了我每天的日常工作，可是这样的水磨工夫好像也没有对小Y产生什么实质性的影响。但直到我在批阅他们的第一次作文时，发现了一篇很不一样的作文。边缘都没有撕得齐整的一张纸，潦草的笔迹，再一看左上角的名字，不出意料果然是小Y。“My thousand-mile journey”——我的千里之行，就是这次作文的题目，我让他们在高中阶段的第一篇作文中写下自己的梦想。

小Y是一个篮球迷，偶像是库里，也是我所在高中篮球队的一员。同样作为篮球爱好者，我明白这项运动以及 NBA（美国职业篮球联赛）球星们对于青少年的影响力，他们的精神品质激励了无数人，也因此让我萌生了一个交流的角度和激励他的方法。

“你喜欢库里呀，我也挺喜欢他的。”谈及库里，小 Y 的眼睛就亮了起来，篮球迷之间总是能很快熟络起来，我们也是如此。作为一个篮球爱好者，我知道每一个篮球迷都有着进入职业联赛或是希望将篮球这个热爱变成自己的职业的梦想。我向小 Y 提到 CUBA（中国大学生篮球联赛）、CBA（中国职业篮球联赛）和 NBA，提到作为一个普通高中的体育特长生，如果文化课不达标，也将没有机会进入大学，会与 CUBA 错过，与职业篮球错过。伴随着我俩聊天内容的深入，小 Y 的眼中逐渐出现了明亮的光芒，也多出了几分思考的神情。交谈过罢，小 Y 并没有跟我多说什么，只是我能感觉到，有些不一样的东西在他身上出现了。

“那我试一试”

在那场交谈过后，我的微信通讯录里多了一个好友——小 Y。

“老师，今天的作业我只写了英语，你就偷着乐吧。”我知道我得到了他的认可。

“我能考上高中是因为初中有两个老师一直没放弃我，这辈子最大的运气就是遇到他们了。”我知道他对我敞开了心扉。

“看您这么坚持，那我试一试学一点吧老师。”我知道这是我与小 Y 一起变好的开端。

当然了，后来的小 Y 也没有变成一个踏实上进的孩子，可是他会在我批评之后立刻收敛调皮的举动，在听不懂英语课的时候自己默默背单词，也是因为这些改变，他的英语从中考 17 分妥妥的全年级倒数第一，到期中考试来到了班级中游的二十几名，一些变化悄然发生了。时至今日，我并不能确定地说我对小 Y 造成了什么改变和影响，可我知道经历那个晚上，我的支教生涯已经彻底改变。我们二人聊天话毕，我一度激动得要哭出来，我从没有如此真切地感受到作为一名教师的使命感和责任感，体会到作为教师的光荣感和荣誉感。在那个晚上，开学以来的挫败感一扫而空，我发现了自己来到这里的价值和意义。我与这些孩子们共同拥有的未来已经不算长了，但是我想，即使未来我不再陪伴他们，他们也一定会在正确的道路上变得越来越好。

当我在这里

第二十四届 万艳

宕昌是藏在山岭间的一颗明珠。人与人被重重山脉隔断，外面的人看不见里面，于是就修建了一条长长的隧道，隧道是压抑的、郁闷的。从隧道出来，山岭与黄沙交融，河流里也有黄沙。这是 2022 年 8 月，我亲眼所见的宕昌。

如果你去了宕昌，一定要看一下她们

但是我和宕昌的相遇，是在 2020 年。那一年我和本科室友集体报名了学校组织的北洋薪火计划对点帮扶活动，我们被分配到对点帮扶宕昌县哈达铺中学的三个初一女孩。活动开始后，每周我们都会给她们在线上讲解课本知识或者作业习题，在寒假帮她们预习下学期的知识，在上学期间帮她们复习学过的知识、讲解作业。就这样，我们陪伴她们到了初三。在 21 年结束辅导时我们认真地告了别，我们都以为没有再见的机会了。往往缘分就是如此奇妙，紧接着在 9 月我入选了第二十四届研究生支教团，得知有可能去到天大的对点帮扶县——宕昌县支教。我室友说，“如果你去了宕昌，一定要看一下那三个孩子”。

在天津大学的官方微信公众号里有一篇推送文章里面写着这样一句话，“也许奇妙就是，就算跨越 1 500 公里，也要相遇的缘分”，这句话为这个故事写下了一个暂时的结局：我来到了宕昌，我见到了当时的小女孩，她说，“我们三个都考上一中了”，一中是这里最好的高中。其实故事还没有结束，世界总是会在意想不到的时间给你一个惊喜，到我们下学期分班后，三个女孩中的其中一个来到了我的班级，真正成了我的学生。

我希望同学们，能够把秋天送给老师

来到宕昌后，因为师资紧张，工科生的我成了一名语文老师。开学前听老教师的课，开学后查各种资料备课，那段时间头发严重地掉。走上讲台很怕自己因讲错一句话而被孩子们误解，怕自己讲得不到位、学生不理解。于是想各种各样的方法只想学生能够认真听课。我喜欢在放学后听着歌散步，回去的路不远，秋天来得格外引人注目，路上已经铺了一层落叶。我踩着落叶，摘下耳机，微微下着小雨，身边只有踩落叶的声音，我仿佛回到了 2019 年，在卫津路校园的秋夜下，在微微细雨中写下“饶自踏之溶，半淘秋静冷”的那个夜晚。这是天大的秋，这是宕昌的秋。

第二天上课，那天是放假前的最后一节课，底下的孩子蠢蠢欲动，我说这个周末不留要写的作业了，底下一阵欢呼。“但是，作业还是有的”，我笑着说，“杜甫在秋天登高有八种感慨，毛泽东独立寒秋看万山红遍，心底尽是澎湃。在这样一个不可辜负的秋天，我希望同学们能够去羊马城、高庙山上看看秋天、感受秋天，捡一片秋天的落叶送给老师”。那是“作业”交得最齐的一次，也是在那天我收到了银杏做成的花、秋木雕刻的花枝、小礼盒装的红叶……他们在各种大小的秋叶上写着“赠予银杏，希望开心”，“希望老师每一天都有一日看尽长安花的豁达”，“我想把秋天送给您，愿您心想事成，每天开心”。我也捡了一片秋叶，在心里写下，祝愿你们拥有诗意的生活。

在群山间热爱，在群山间写诗

在宕昌的时候，我带了文学社，教学生写作，本科学激光的我正式成为一名语文老师，学生还给我取了一个外号——会发光的奥特曼老师。我也在课余时间辅导三个班将近 200 人的数学、物理，甚至还给办公室修电脑、安装软件，我正在一步步朝着自己说的全能老师的目标前进着、努力着，生活被挤得越来越满，好几次被其他老师看见了，他们总劝我不要把自己搞得那么累。我说学生多好呀，给他们讲题结束了他们会害羞地从包里掏出棒棒糖说“老师，谢谢您”，这样的生活是无比幸福的。每天六点起床到校，大部分时间晚上十一点我才能回到自己住的地方，没有什么比这更有意义了。

学生会来办公室给我留一个小纸条，上面写着“欢迎你来到宕昌一中”；孩子们送的秋叶我夹在了几本书中，放在办公桌上，每天都能看到；在课前我总会让学生讲故事，手机里存了好多照片；我会给他们看我家乡的百合花，给他们说洁白和坚韧；我开始在这里写诗，枕着岷江的水入眠……这里有草原、高山、沟壑、雪山、层林、湖泊，我在这里写下“那夜不能回答一个异乡人，那夜魂儿在雷古雪山上走”。下雨时渺渺层云朝向绿丛坠落，满载半晕清辉。深林里落上斜枝的露水留着白，草木素裹，增添几分寒意。阴天时云霏霏似半飘柳絮，在入秋的季节，万物潜藏，没有一点声响。在 2023 年 3 月份，我以“这世界总有一束光，是你照亮的”为题给 200 多名学生办了一次讲座，我告诉他们，生活不是选择，而是热爱，热爱能让贫瘠的山开出花来，告诉他们我的文学世界是什么样的。我也希望他们能够走进我的文学世界，在群山间热爱，在群山间写自己的诗。

一个人拥有此生还是不够的，他还应该拥有诗意的生活。我想把语文课堂变成一个极富浪漫主义色彩的课堂，讲那些行云流水般的相遇；我想让学生的视线落在自己的家乡，落在自己生活上；我想让学生看看外面的世界，这里的山太高了……在结束一天的课程后我曾经写下一句话，“用自己的过去勉励、用自己的现在陪伴、用自己的未来奉献”。当我现在翻开讲解的每一篇课文，看着手机里孩子们的笑脸时，我意识到这句话是不完整的，在陪伴着孩子们时他们也在治愈着我。

北洋薪火计划还在继续进行，下一届研支团成员招募已经告一段落，滚烫的心永远是生生不息的。直到现在，我还在不断问自己一个问题：我能带给这片土地什么？除了自己的脚步泥泞，我想我更期待看到的是，每一个浪漫而自由的灵魂。

致我初中学生的一封信

第二十四届 张烝慧

七一七三的同学们：

你们好！

我是你们的小张老师，希望这个老师能在你们的回忆里多停留片刻。这封信是给你们的，因为我有太多的话想说给你们，希望你们不要嫌我啰唆。

我，很感谢你们。因为你们，我改变了很多，也成长了很多。刚来的时候，我是第一次做老师，你们却不是第一次做学生，很显然你们比我熟练得多，第一次进班，你们就上下打量着我，反倒是我有些不好意思直视你们的眼睛。一群十三四岁步入青春期的小伙子和小姑娘，一时让我不知如何相处。哄显得太幼稚，凶又觉得你们可怜巴巴。和其他老师聊起来，他们总是说你们就是一群十三四岁的孩子而已，可在一秒之后补上一句："害，你不也是个孩子吗？"

对啊，我们的相遇不就是一个大孩子遇上了一群半大孩子吗？

刚来时，你们人多势众，显得我势单力薄，第一次走上讲台，我望着下面你们齐刷刷盯向我的眼神，浑身不自在，四肢像被拴上提线木偶的线，一举一动都显得十分刻意。我抱着书看着课件，生怕背的哪一句忘掉。可你们真配合我呀，我说啥是啥，你们动作整齐得还没下课就开始反思自己，那时候我想，这群孩子多可爱呀，我可真幸运，接下来，我就是他们的英语老师喽！

你们一个班在一楼、一个班在三楼，来来回回真的是要把我的腿跑断，但不知道为什么，我总是乐此不疲，我喜欢你们在课前时我一进教室就把我团团围住问东问西，也喜欢你们追出来请求当我的课代表，这真的是给了我莫大的信心。你们这群娃娃，我真的是咋看咋稀罕。

那次的中秋联欢，我第一次举着相机走进班级，那时候哪里认得过来呀，只记得进进出出哪个班都有，你们摘了一直戴着的口罩，我反倒有些认不出了。只记得我悄咪咪地告诉身边的老师，那个穿紫色民族裙子跳舞的，应该就是我的课代表。我用镜头一个个扫过，想全部记下你们的样子，这个略显稳重的是班长，那个古灵精怪的是我的课代表，这个眼睛好好看的……应是我一班的学生，后来渐渐感受到，这个孩子是班里数一数二的捣蛋鬼。

你们害羞又拘谨的样子，现在想想真是怀念呀！这话还有另一层意思，现在是再也回不去喽。

日子一长，你们一个个的小狐狸尾巴就都藏不住了，上课讲话的多了，不交作业的多了，开小差的也多了，甚至还出现上课起哄的。我开始在班里发火，这招刚开始管用，可渐渐地就不那么管用了，我从最开始的警告，到佯装生气，慢慢到大动肝火，最后一言不发强压眼泪。我看着我辛辛苦苦日日夜夜备好的课，在你们的一次次吵闹中枉死，除了气愤，我只有难以发泄的委屈，那时候我真恨不得一张机票飞回家，再也不见你们。

可是气话终究是气话。教你们的许多个夜晚，我都会给我的母亲打电话，我会给她讲一天的遭遇，跟她讲谁谁惹我生气，谁谁又把我刚强调的写错了，哪个班作业写得一塌糊涂，从吐槽到抱怨，慢慢变成诉苦。母亲听着我在这边话都说不全的哭泣，总是抛出一句："让你现在回你回吗？"这招儿可真管用，每次这时候我都嘟嘟囔囔："肯定不回啊！"

唉，你们还是群心智未成的孩子哎，即便被你们气得七荤八素，我也还是会在见面后被一句"张老师好"打败。我有时候会想，你们是怎么做到课上被我训得狗血淋头后，还能在下课跟我嬉皮笑脸地聊天。呵！你们这群臭屁小子！

虽说因为教你们，我慢慢变得更有耐心，可是我也在摸索和你们相处的方式。是摸索也是逼迫，你们的调皮勾起了我的叛逆心，当班主任在前面训你们时，我就在后面偷笑；当你们跑到我前面挑衅我时，我就一把把脑袋摁住嫌你们个儿矮。总之，你们跟我耍无赖，我就立志比你们更无赖，和你们斗智斗勇又相亲相爱的日子，真的是其乐无穷。

我曾说，你们是我的底气，为了你们，我可以去找校领导争取，因为我相信我的努力是实打实的，更相信我们之间的默契，哪怕是生气，对你们的喜欢也从未消减。

新疆冬天的雪大呀，是我出生以来见过雪最多的冬天。我们和雪的故事也很多呀！我第一次铲雪，还是在前一天被你们气哭后。你们说希望我能和你们一起铲雪，就当是为昨天气我道歉。这道歉的方式可真是蛮不讲理，却是深得我心。给点颜色就开染坊，用来形容你们一点不差，铲雪的那天，我活生生被你们给砸成了雪人，而我到现在都不知道是谁干的。还有个学生，天天叫嚣着要埋了我，结果那天埋我的人里面没有他。哈哈！

我还会偷偷跑进你们的体育课，在白茫茫的操场上给你们留下一张张踢球的身影、冻得通红的脸蛋。你们总说我爱拍丑照，可我觉得，每一张都可爱得很。我去看了你们踢球的马场，冬天的法拉利，还有天然的滑雪道，一帧帧，对我来说都很宝贵。

后来，新学期开始了，我揣着激动的心从千里外赶回，心想终于能结束网课再见到你们，却再也不能站上讲台，为你们讲一节英语课。

接到消息的那晚，我在县上，深夜里我假装轻松，却彻夜未眠。我没有哭，整整一夜，望着黑漆漆的天花板，把我们的点滴翻了一遍，从我选上四个性格不一的课代表，到我们慢慢加上微信开始聊天，你们跟我分享生活，寻求帮助……然后呢，再无下文了是吗？想起假期里，你们来问我下学期还教不教的时候，我还端着架子生怕你们不好好上课，真可笑，那时候为什么不好好聊聊呢，以任课老师的身份，告诉你们无论谁教都要为自己而学的道理。

回到学校，有一天出门，迎面撞上了许久未见的学生，我突然愣在原地。就在我以为自己已经接受这个事实时，那个活生生的人就站在我面前，如同一锤子重重砸在我的胸口：你不是他们的任课老师了！

一时间，手脚像是刚长出来一样，不听使唤，我不知所措地站在原地，一声“张老师好”传来，我的鼻头就像一颗没熟的青葡萄被捏爆，又酸又涩，我该说什么，我不知道，她上前轻轻抱了抱我，真的是轻轻地，我怕一用力，我那颗矫揉造作的心啊，就再也绷不住了。

终于，几天积压的不舍、难过、后悔在与那个同学拥抱的夜晚彻底释放，我哭得昏天黑地，我也知道又不是不见面，可我就是收不住嘛。不知是哭那日日夜夜的努力换不来简单的相处，还是哭那一份不甘心，我甚至想，要是我能一直留在这个学校，一直教你们该多好啊。可我必须得接受，再不甘心也要接受，因为大孩子就是得学会接受付出与回报不匹配的现实，所以我还真羡慕你们有付出就有回报的年纪。

说这些已经不怕被你们笑话了，毕竟现在已经是可以叫小张的交情了。当在学校的某处一转角碰到你们这些熟悉的脸庞，你们带着变声期的嗓音喊一句“张老师好”时，我多开心呀。我望着从俯视变成平视甚至需要仰视的你们，不由得发出老母亲般的感慨，长得真快，而且很自信，我的小帅哥小美女学生们，以后一定都是个顶个的大帅哥、大美女。

信要结束了，我不知道该怎么结尾。其实我们都在慢慢适应，适应我们新的相处方式，我也在慢慢适应新的班级、新的身份。因为大孩子是要在一通声嘶力竭后，再沉下心来，收起脾气，不去怨天尤人，不去意气用事，在新的环境继续做最好的自己。我希望我们都能在各自的轨道上平稳地前行，拼搏努力，不要错过未来在顶峰相遇。

哦对了，我好爱你们哦！

你们可爱的张老师

第六章

回首来时路，郁郁满芳华

第五届孙春光采访实录

采访人：第二十三届成员蔡秋全

被采访人：天津大学研究生支教团第一任团长，第五届团长孙春光

蔡秋全：请问是什么契机让您选择加入研支团呢？

孙春光：当时是毕业前，我一边在复习考研，一边在想着找工作，一边又在想着还能做什么，正好看到了校团委在招募全国第五届研究生支教团成员的通知。我觉得好男儿志在四方，看见这个消息感觉是个好机会，想去看看外面的世界。报名的时候我连去哪都不知道，支教地没有确定，甘肃、青海都有可能，我依稀记得说是去西北一个比较落后的地方。那个时候我还很年轻，天不怕地不怕的，就想去闯一闯，去看看外面的世界。当时也没想能不能选上，就想着试一试，报名之后经过面试就选上了，我觉得挺好的，因为一直读书可能缺少了接触社会的机会，先接触下社会再返回学校学习会更好一些。等选上以后，我们在筹备期做准备工作的时候才知道要去的地方是吉林省白城市大安市。

蔡秋全：在支教期间，有什么让您印象深刻的经历呢？

孙春光：一回想起支教，我首先想到的是离别。支教结束快离开的时候，我们教的学生都在哭，于是我们四个商量不告诉大家我们走的准确时间，我们偷偷溜走省得离别太伤感，但其实没起到什么作用。在最后一节课上课的时候，学生们就开始哭，课也没法讲，只能和学生们聊聊别的，走的时候是晚上的车，学生们也不上课了，都自发地跑到外面排着队送，拦也拦不住，团市委的领导和当地学校的领导、老师们也都出来送我们。年轻的老师也在哭，学生也在哭，那个场面特别伤感，我们舍不得走，但是不得不走，所以一回想起来，首先想到的是那个离别的场面，特别伤感。

我对刚去时的场面的印象也比较深刻，我们先坐火车去西安集训，当时所有大学的支教团都在陕西师范大学学习，之后从西安直接出发先到长春，住了一宿之后到县里面，在当地也和主管教育的副市长聊了聊。县城也不大，坐的车在当地叫“倒骑驴”，类似一个三轮自行车，但是车厢在前面，骑车的人在后面。我们就是坐着“倒骑驴”到的学校，学校搞得挺隆重，学生都在外面列队，低年级有礼仪队，高年级的是按班级列队，举行了一个简单的仪式。当时学生给我们四个兄弟都献了特别大的花，给别到胸前，就跟送子弟兵上战场那感觉一样，感觉很新奇、很荣幸。

去支教之后才知道东北的冬天有多冷。学校很照顾我们几个，在教学楼的顶层找了一间不用的办公室（原本是仓库），给我们四个兄弟当作办公室和宿舍。因为我们在顶层，冬天楼顶透风，还比较冷。学校的暖气是自己烧的，管道设计也比较老，设计得不太好，烧的热水先到一楼，再到二楼，再到三楼，最后到四楼，等到四楼的时候就不热了。所以冬天零下三十多度的时候，那个屋子特别冷。大家买了电热毯、电褥子，晚上得先把电褥子烧热了，但又怕出事儿不敢一直烧着，所以烧热了以后，褥子铺了好几床，盖了好几床被子。再说说被子，最开始学校发的是普通的被子，到了冬天，有几个高年级的上了年龄的女老师说我们的被子肯定过不了冬。那些女老师找到校领导，由学校买了些棉花，然后她们给我们每人缝了一床特别厚的被子，我们自己每人又买了一床被子，所以我们就是盖着三床被子，烧热电褥子、电热毯过的冬。但是即使这样也没觉得特别苦，大家每天打趣逗乐开开玩笑，冬天就过去了。

蔡秋全：可以分享一下您的教学经验或比较典型的教学案例吗？

孙春光：在我教计算机之前，当地的孩子们没学过计算机，最开始教他们打字，学生们都喜欢用一指禅，为了改掉这个毛病，我强迫每个学生都在手指写上那个手指负责的字母，就是小拇指、大拇指、食指、中指、无名指哪一个手指头按键盘上的哪个按键，然后我盯着大家狂练。后来很多学生习惯了双手十指打字，比一指禅、二指禅打字要快得多。当时已经有了聊天儿室和 QQ，他们也学会了用双手打字上网聊天，我也是比较有成就感的。

蔡秋全：您认为这一年自己和您的学生们都有什么样的收获呢？

孙春光：从我教学的角度来讲，学生们从不会用计算机，到至少掌握点基础的知识，专业技能上看还是有进步的。而且我们几个都是大城市读完大学过去的，视野、眼界和当地老师是不一样的，也让很多同学对考大学、对去外面的世界看看有了更深层次的向往。

从我个人的角度来讲，最大的收获是体验了很多种不曾体验的生活。当了一年老师，我体验了和学生在一起的生活，体验了经济欠发达区域的生活，有时候当地团市委的领导还带我们去下乡体验生活，这也极大地开阔了我的视野和眼界。

蔡秋全：您对未来的支教团成员有什么想说的吗？

孙春光：在二十出头的年纪，趁着年轻体验一下支教的生活是件挺好的事情。希望学弟学妹们记住，不管遇到多么困难的事儿，都要用乐观、积极向上的心态去应对。

第六届谷建强采访实录

采访人：第二十三届成员蔡秋全

被采访人：天津大学精仪学院教授、博士生导师，第六届成员谷建强

蔡秋全：您在服务地负责哪些工作呢？

谷建强：我们去的是吉林省大安市第四中学，我们四个人被分在了初一的六个班，我负责六班的工作，我们四个人主要是在下午尤其是最后两节课，给孩子们解答问题，辅导学习的内容。同时，我们也负责计算机机房的搭建等计算机的相关工作。

蔡秋全：在支教期间，有什么让您印象深刻的经历呢？

谷建强：印象深刻的事情来源于日常生活的点点滴滴，因为当时我们还很年轻，学生与我们很亲近，也都挺听话，很可爱。另外，当地的老师对我们非常照顾，经常帮助我们解决一些生活上的困难和问题。我记得很多老师把家里买的、做的菜，都拿来给我们吃；怕我们几个人不会做面食，还经常来我们这儿包饺子、做面条之类的。当地的领导干部也以我们为荣，他们觉得天大的支教团能来大安四中，是学校工作的一个亮点，对我们的工作进行了大力的宣传，学生的家长对我们也都非常好。总之，于我而言虽然没有特别值得一说的一件事情，但是那一年的经历都很难忘。我觉得这是看似平凡却印象深刻的一年。

蔡秋全：可以分享一下您的教学经验或比较典型的教学案例吗？

谷建强：我们当时没有经过专业的师范培训，现在回头看看，我们在教学上与当地的老师相比还有一定的差距。但是有一些学生，他们晚上会自发地来到我们的宿舍，让我们给他们做学习辅导。这不是强制的，是他们真的想把学习成绩弄上去，希望能够有老师来解答问题。值得一提的是，后来五班有一位同学成功考入了天津大学的电信学院。

蔡秋全：我们了解到，您现在是我校精仪学院的教授，请问这一年的支教经历有没有对您的工作选择产生影响呢？

谷建强：这一年的经历对我的职业选择起到了非常重要的作用。一方面，从客观上讲我保研了，这是我以后走上学术道路的一个重要契机；另一方面，从主观上说经过了一年的支教，我觉得我挺喜欢教学的，这也比较适合自己的性格；第三方面，这一年里，在工作和学习上相对来说时间比较充裕，我们几个人没有放下自己的专业，都在业余的时间对专业知识进行了梳理和复习，扎实了知识的功底，很大程度上助力了后面的学习。

这一年的时间里，支教地的工作让我们有很多时间去思考，同时，在工作的环境之中，对社会生活和未来职业的观察，也让我们对未来人生规划有了比较多的思考。通过这几方面，我觉得支教的时光对我后期选择走上教学岗位起到了比较大的作用。

蔡秋全：您对未来的支教团成员有什么想说的吗？

谷建强：对支教团的学弟学妹们，我想说这一年肯定是你们人生中非常特殊、令你们印象深刻的一年，希望大家能够好好地把握这一年，好好珍惜支教的时光。一方面要发扬天津大学支教团不畏艰苦、奉献于支教事业的精神，把支教做实，做出自己的贡献，无愧于自己支教团成员的使命；另一方面这一年的经历，也会让你们对社会、对工作、对咱们国家的风土人情、对艰苦地区的生活有更多的观察和体会，这将是你们未来人生道路上的一笔宝贵的财富。读万卷书，行万里路，我希望学弟学妹们能在支教的生活之中，对自己的人生、对自己的未来和世界观、人生观、方法论的思考都能上一个台阶。

蔡秋全：您认为这一年给自己带来了什么样的收获呢？

谷建强：一是有了一段人生中宝贵的经历，无愧于我一个党员的身份与党性，为我自己国家的教育事业，尤其是边远地区的教育事业，做出了一份小小的贡献；第二，是对自己的职业规划和人生，有一个比较清醒的认知和反思，对自己后面的人生选择有一个更好的规划，支教是重新开始的一个起点。

第十一届尘恒采访实录

采访人：第二十三届新疆分团团长胡玥

被采访人：首届服务于新疆布尔津县支教团成员，第十一届成员尘恒

胡玥：您在服务地负责哪些工作，有什么感受呢？

尘恒：第十一届研支团被安排在布县初级中学工作，我当时被安排教初中物理和健康。布尔津县风景如画，哈萨克族人民热情友好，当地小孩对大城市来的大学生充满好奇和期待，我们与学校老师也相处融洽。我最大的感悟就是，这是人生中一段难得的经历，小孩渴望知识，作为一名支教老师应该尽自己最大努力把学生教好，把“知识改变命运”的道理传授给他们，至少埋下一颗种子。一年时间不短，研支团成员应不愧于心、不愧于行。

胡玥：在支教期间，有什么让您印象深刻的经历呢？

尘恒：去学生家里家访，参加学校组织的防洪建设，参加各类文体活动，还有就是游览秀美的北疆风光。

胡玥：您对正在支教和即将支教的支教团成员有什么建议或寄语？

尘恒：尽自己最大努力去做好一名教师，用心对待你的学生，多年以后回想起来能够对自己说：“这一年，我不后悔。”

第十二届刘润采访实录

采访人：第二十三届新疆分团团长胡玥

被采访人：北京理工大学后勤基建处副处长，第十二届成员刘润

胡玥：您在服务地负责哪些工作？有什么感受呢？

刘润：我所支教的学校是布尔津县综合培训中心（当时是布尔津县中等职业学校、党校、电大合并的一个单位，现在这个单位可能已经解散了），学校里不仅承担着布尔津县和哈巴河县中等职业教育的任务，同时还承担了两个县城双语教学的任务。这就导致学校的学生比较混杂，其中哈萨克族学生占多数，主要学习汉语，汉族学生占少数，主要学习旅游管理、机电一体化等专业技术。

8 月底一开课，我就承担了新生哈萨克族园林畜牧班、旅游管理班和机电班的计算机和英语教学任务。后来因为学校迟迟没有机电老师，我又承担起机电班电工基础的教学任务。

我所教授的学生基础知识都比较薄弱，学习兴趣和学习能力比一般的初中、高中孩子都要弱一些，这就不仅仅是让我把知识教授给他们，更多的是要提起他们学习的兴趣，培养他们学习的专注力，这在当时对我这个年轻教师来说确实是一个挑战。

胡玥：在支教期间，有什么让您印象深刻的经历呢？

刘润：我觉得我印象最深的就是没控制住情绪向学生发脾气。同学们在最初的新鲜感过去后，就经常在课上搞小动作、不认真听讲。终于有一天的英语课后，我本来想语重心长地教育学生，试图与他们沟通，双方一起努力改善我们的听课讲课气氛。但是，就在我苦口婆心地说时，还有一些同学打闹，视我不见，作为年轻老师，我一时控制不住，把学生狠狠骂了一顿。还记得当时我出了教室门，心里还久久不能平静，一方面后悔骂他们，怪自己没控制住；另一方面，也觉得自己仿佛离支教的初衷越来越远了，觉得很惭愧；再一方面，觉得这些孩子的劣性，也很超乎我的想象，让我非常困惑。

当晚，我想了很久，先是深刻地反思了自己，想到了最初自己的支教梦想，想到了最初自己的坚定的决心。而后，我仔细回想了每一个孩子，他们每个人有每个人的特点，每个人都有优点和缺点，但是他们的心都是善良的，这就说明只要我努力，我们还是可以慢慢彼此适应，先适应再改变。想到这些，我的心里又重新燃起了希望。

第二天，我真诚地跟孩子们讲了我内心的想法，对我的暴躁表示道歉，同时也对他们提出了新的要求和希望。看到孩子们一双双清亮的眼睛，我会心地笑了。

此后，我也是试着放松心态，和学生慢慢融到一起，经常同学生像朋友似的聊天，拉近彼此的距离，同学们的表现也越来越积极。我感觉支教并不仅仅是教给他们知识，你需要慢慢引导他们，不管是理论知识上还是思想上，潜移默化地去教育他们。

胡玥：我们了解到您现在从事高校行政工作，请问这一年的支教经历有没有对您的工作选择产生影响呢？

刘涧：经过一年的支教，确实自己的价值观也有一些改变，新疆的朋友尤其是学校的老师都非常质朴，同事们经常叫我去家里吃饭，很多同事家里其实并不富裕，但是还经常想着我们支教的同学，请我们吃好吃的、下饭馆，家里做了好吃的也总是拿到办公室特意分给我们吃，觉得我们离家远很辛苦，特别照顾我们，当时我就觉得学校这个工作氛围非常融洽。加上学生也都很单纯，而且感觉教学生也特别有成就感，虽然学生们学习不好，但是大家还是很尊敬老师的。这就让我对老师这份职业还是有很大好感的，当时择业时也是优先选择了现在的工作。

胡玥：您对正在支教和即将支教的支教团成员有什么建议或寄语？

刘涧：希望大家能够珍惜这宝贵的一年时间，用实际行动发扬志愿者精神，我们会发现其实我们收获的也很多，不仅是服务别人带来的喜悦和满足感，我们志愿者之间的友情也是非常宝贵的。

第十五届宋文杰采访实录

采访人：第二十三届新疆分团团支部书记田力芃

被采访人：广西壮族自治区北泗镇党委副书记、镇长，第十五届团长宋文杰

田力芃：学长您好，请问是什么契机让您选择加入研支团呢？

宋文杰：我知道天大有支教团项目源于一次听社团师兄提到。因为我父亲曾经在石油系统工作，在我很小的时候，我经常问起来爸爸去哪儿了，得到的回答是去新疆出差了，也会听到爸爸描述在克拉玛依的见闻，所以对新疆产生了自然亲切感，想去爸爸曾经工作过的地方看一看成了我最初的动力。第十三届佳炜哥也是我崇拜的大哥，他从新疆回来后也给我讲了很多故事，所以本科毕业后我就报名通过选拔成了支教团的一员。

田力芃：您在服务地负责哪些工作呢？目前学长在从事什么工作呢？

宋文杰：当时我负责初中毕业班的课后辅导和小学的童话合唱团。2017 年硕士毕业后，我入选广西定向选调生，现在在广西基层工作。

田力芃：在支教期间，有什么让您印象深刻的经历吗？

宋文杰：支教过程中有两个学生特别勤学好问，我们一直保持联系，后来接到他们到上海和南宁读大学的消息，很感慨。同时在这不长的一年时间里，我结识了很多当地的朋友，尤其是哈萨克族的朋友非常关心我。

田力芃：可以分享一下您的教学经验或比较典型的教学案例吗？

宋文杰：作为非师范生，我们在初中开设了励志教育，引入了求实团校，有一次教学主题为“我的大学”，我与学生分享了我的大学生活和经历感悟，从初一开始在他们心里种下一粒种子，要考大学！要到外面去看看！

田力芃：这一年的支教经历有没有对您的工作选择产生影响呢？

宋文杰：这一年对我择业确实产生了深远影响。我不止在一个场合提起过，正是这一年新疆的支教生活，让我对于基层工作不再陌生，对于民族地区不再茫然，也正是这一年支教的同时借调到乡镇工作，和基层干部群众经常接触，还交了不少好朋友。在我择业的时候，我才有底气主动申请到基层，向上生长的青春需要向下扎根，从政府办秘书到乡镇长，我在基层已经工作五年了。

田力芃：您对未来的支教团成员有什么想说的吗？

宋文杰：这一年支教生活对大家而言绝对是难能可贵的一次经历，因为今后很难有机会去那么远的地方待那么长时间，用心做好每件事，回头会发现都是美好。在支教过程中除了教授孩子们知识，还要在他们心中点亮一盏灯，让他们对更高的学习平台和外面的世界有所期待。

第十六届郝虹斐采访实录

采访人：第二十三届成员雷玥玥

被采访人：首届服务于甘肃宕昌县支教团成员，第十六届成员郝虹斐

雷玥玥：宕昌县身处陇南群山深处，您在初到服务地时遇到了哪些困难，又是如何克服的呢？

郝虹斐：在当地村民和支教伙伴们的帮助下，其实没有遇到什么难以逾越的困难，一些地理和生活环境上的困难都是可以克服的，但和原来生活的差异还是存在的。到当地后，最大的差异有两个：一个是饮食习惯，当地的饮食偏辣，我作为北方人需要一定时间适应；另一个是由于天津大学和宕昌县服务地是第一次合作，因此关于怎么安排支教成员的工作，当地团委和学校都还没有明确的计划。到服务地之后，我希望能多做一些贡献，但服务的学校出于谨慎，没有首先安排我们承担太多工作，只是作为代课教师临时承担一些课程的教学工作。后来经过半年的学习和实践，我赢得了服务学校领导的认可，在第二个学期给我安排了一个岗位，和当地老师一起负责一个班级的语文教学工作。

雷玥玥：自学长所在的 2014 年开始，我校支教团的服务地新增了定点帮扶的甘肃宕昌县。作为甘肃分团的第一届成员，您在服务地开展了哪些工作呢？

郝虹斐：我参与的主要工作是服务地学校的教学教务工作。在第一个学期，我在每个年级每科课程都代过 1~2 节课，语文、数学、英语、物理、化学、生物、历史等都教过。在第二个学期我专门负责初二语文的教学，教了一个学期。作为第一届甘肃团成员，我们主要还是投身在教学岗位上，希望能够为后来的研支团成员们奠定好基础。

雷玥玥：在支教期间有什么让您印象深刻的经历呢？

郝虹斐：印象深刻的经历有很多。

一是当地学生的数量从初一到初三是逐渐减少的，很多学生到初三就辍学去打工了。由于当地的教育条件和思想观念等原因，选择继续读书上学，并通过读书改变命运的学生很少。二是当地的地理条件很差。周末去周边山村走访的时候，我看到一个六七十岁的老太太，背着一个大背篓，从山里走了两个小时去城里给孩子家里送土豆吃。这样深刻的亲情画面有很多，让我非常感动。三是当地缺乏产业基础。年轻人基本在外出打工，因此当地的孩子绝大多数都留守儿童，缺乏父母的直接教育。四是每个学生的天赋是有差异的。班级里有一个男生，他学习成绩很差，但确实很有绘画天赋。如果他生活在一线城市，并且父母注意引导的话，可能会走上截然不同的道路，但在当地可能未来只有打工一条出路。五是孩子们的内心都有走出大山去外面看看的想法。在支教临近结束的时候，我们举办了一次班级活动，收集了每位同学的理想。其中有想做画家的，有想做理发师的，而更多的学生想去周游世界。孩子们的想法真的很美好，但现实是他们有多少人能在未来实现自己的理想呢？六是当地整体的教育水平不高。在当地最好的高中，我印象里每年一本入学的人数仅仅有十几个。如果想考再好一点的大学，只有去市里的中学就读才可能有一点机会。

雷玥玥：一年的支教经历美好又难忘，请问这一年的时光有没有对您的工作选择或人生产生影响呢？

郝虹斐：这一年的支教对我的人生和工作选择有很大影响。在教学期间，我一直坚持引导同学们向外走、向上走，但由于客观教育水平与生源的问题，当地整体一本上线率很低。我走的时候带过的一个毕业班的同学中考，有个学生咨询我说考市里的中学失败了，能不能复读再考一次试试。她内心很清楚如果考不到市里的中学，后面能够考上大学的机会其实是很少的。我立刻咨询了当地学校的领导后得知，“不能复读，只能接受调剂到本县的高中”。学生很失望，我尝试鼓励她以后到高中或者大学还可以再继续努力，希望她能往上走、往外看。但学生回复我：“恐怕到时候就不敢想了。”这句话我至今忘不掉。国家教育资源的差异无法避免，对我本人来讲，这一年的西部支教更加坚定了我在一线城市打拼的想法，希望有机会能够为促进教育资源平等公平贡献自己的力量，让更多来自农村的孩子有机会走出来。

第十八届王一贺采访实录

采访人：第二十三届成员刘习

被采访人：新加坡国立大学博士在读，第十八届成员王一贺

刘习：您在服务地负责哪些工作呢？

王一贺：我主要就是开展教学工作了。我在甘肃省宕昌县旧城中学服务，教八年级四个班的物理。除此之外，我们还会配合学校组织运动会等一些大型赛事。当时宋鹏老师在大寨村担任第一书记，我们也下去村子里做了一些事情。比如当时索尼捐助了一批投影、音响等硬件设施到大寨九年制学校，我们协助在学校建成了一个梦想音乐教室。宋鹏老师当时主要做电商扶贫，我们也会协助老师完成宣传或走访之类的工作。

刘习：在支教期间有没有让您印象比较深刻的经历呢？

王一贺：印象比较深刻是我们在大寨村和宋鹏老师一起走访贫困户的经历。因为我们支教的服务学校在县城里，条件还算可以。当真正走入村子里的贫困户时，给我的冲击还是很大的。他们的家里真的是家徒四壁，家里可能只有一张桌子和墙上贴着的毛主席画像。那一瞬间，让我觉得扶贫还是一件任重道远的事情，需要我们一批又一批的人来接续努力。

刘习：可以分享一下您的教学经验或者比较典型的教学案例吗？

王一贺：教学经验算不上，我只能分享一下我的教学经历。我刚到的时候因为是从大城市过来的新鲜面孔，学生们都对我非常感兴趣。上课时学生们也是很渴求的状态，希望我能多说点自己的经历或者给他们带来一些不一样的事物的分享。但是随着常规基础教学工作的开展，新鲜感逐渐退却，有些学生就开始淘气了。尤其是一些基础比较差的学生，注意力不是很集中，上课会出现开小差的情况。最初我还是鼓励为主，但后来发现效果并不好。于是我向当地的老师们进行讨教，主要还是和班主任沟通，针对不同情况的学生采取不同的措施。每个人都有惰性，尤其是青少年，我认为我们还是要建立适当的奖惩机制。对于偶尔调皮的学生，我们可以鼓励、提醒。但是针对学习热情一直不高的学生我们就要和家长、班主任进行多方的沟通。

刘习：您认为针对当地学生的教育更应该关注哪些方面呢？

王一贺：我最大的一个感受就是当地学校在硬件设施上已经不差了，甚至比我们上学时的学校条件还要好上一些。我觉得最主要的一个问题就是整体的师资队伍可能还需要有所提升。由于当地教师资源比较有限，可能经常会出现这个老师今年教数学，明年教物理的情况。针对这种情况是不是可以在进行一些全面、专业的培训以后再让教师上岗开展教学。针对学生的话，还是应该多强调家庭教育的重要性。宕昌当地很多学生的家长都在外出打工，学生在学校附近租房子。我们会发现一个情况就是班级里一些学习比较好并且注重培养自己个人兴趣的那一批学生，家长一直是陪伴在学生身边的，并且他们也比较重视教育。

刘习：您对咱们未来的支教团成员有什么想说的吗？

王一贺：我希望大家能从自身出发，先把自己的视野拓展开，成为一个包容的、愿意去探索新世界的人。然后你能把这样的态度带给更多的人，影响更多的人，尤其是当地的一些小朋友。我们可能在教学上不像当地的老师们那么有经验，但是我们可以把这些不一样的视角带到当地，我觉得这是一笔非常宝贵的财富。

第二十届赵丹宁采访实录

采访人：第二十三届雷玥玥

被采访人：天津大学 2019 级硕士研究生在读，第二十届甘肃分团成员赵丹宁

雷玥玥：学姐您好，您在本科毕业时本可以凭借优秀的履历继续深造或工作。请问是什么契机让您选择加入研支团，前往宕昌县支教呢？

赵丹宁：我的契机源于大一结束的时候，我和几位天大的同学一起去了位于四川省宜宾市珙县曹营镇的雨花村进行暑期支教。在最后一天离开时，一位八十多岁高龄的奶奶知道我们当天要走但不知道具体什么时间，就抱着馒头站在路边等，当我们经过时，她从车窗外递进来自己早上做的两兜馒头。那是我这辈子吃过的最甜的一个馒头。那个馒头不仅承载了长辈对晚辈的关怀，也传递出对我们几个大学生奉献青春的肯定。这段暑期支教的经历在我心里埋下了一颗种子，一颗名为奉献的种子，它的生根发芽让我义无反顾地做出了加入研支团前往西部支教的决定。

雷玥玥：您在服务地负责开展了哪些工作呢？有哪些创新活动或特殊经历可以分享吗？

赵丹宁：在服务地的工作主要还是围绕教学来开展的，除教学以外也会有一些其他的工作，例如去到学生家里走访、配合当地团县委完成工作等。我想重点介绍一下在宕昌县第一中学的工作。

在宕昌一中的工作主要分为两部分：第一部分是日常教学，我担任了高一年级的数学老师，负责两个班级的数学教学工作；第二部分是第二课堂的创建和开展，我们开展了包括“百年青春梦 · 建功新时代”纪念“五四运动”100 周年系列活动、“云支教—放飞梦想”计划等等一系列品牌活动。展开来说，这个计划中主要有两部分内容：一是宕寻津喜“智慧空间站”云课堂，成功举办了 16 场讲座，涵盖了 13 个专业的科普知识，共计有 19 个班级约 1 100 名学生参与其中；二是“遥寄甘情 · 邮梦津心”书信交流计划，有宕昌一中的 116 名学生与来自加拿大麦吉尔大学、天津大学的在校本科生、研究生建立长期书信联系。

从研支团往届的情况来看，我们所做的比较创新且成体系的活动应该是“一行一校一堂课”系列活动。其中“一行”是带着孩子们走出校外，素质拓展，“一校”便是我们的求实团校培训课程，“一堂课”是“宕昌一中小讲堂”系列讲座。这是我们的创新之举，针对高中生开展学习经验、理想信念、综合素质等主题的讲座，比如有一些孩子不想学习，我们会和他们分享一些自身经历，激发他们对学习的兴趣，并调整好学习状态，最后我认为所达到的效果是非常好的。有一个印象非常深刻的事情，在支教结束之后有一个宕昌一中的小女孩考到了天津大学，在吃饭聊天的时候她说，“我认识你，我听过你的小讲堂”，“在那之前我以为我能考上的最好大学就是兰州大学，但在你们讲了之后，我发现还有很多好的、厉害的大学等着我，我要更努力地学习”。当然，这个孩子能来到天大绝大部分都是她自己努力和奋斗的结果，但当她说出这番话的时候，我会发现我们有时候做的事情可能在当下看不到收益，或者并不明确这件事是否会得到正向的反馈，但只要以对的出发点坚持做下去，一定会带给孩子们正面的影响，甚至是内心的触动和改变。

雷玥玥：您在支教期间担任高一年级数学老师，教学方面是否遇到了困难呢？可以分享一下您的教学经验或比较典型的教学案例吗？

赵丹宁：是会遇到困难的，而且我的教学一开始就是困难重重。在动身支教之前，我们先去了天津大学附属中学做了教学观摩也就是见习，当时听往届无论是支教新疆还是甘肃的同学反馈都是去教小学或初中，所以我一直做的是教小学或初中学生的准备。然而到了宕昌才知道我被分到了高中，那个时候再去准备高中的知识就有点来不及了，特别是我还要担任高一年级的数学老师，由于较长时间没有接触，所以有些陌生，这也是我遇到的第一个困难。随之而来的还有第二个困难，就是在已经记不起知识点的情况下如何给学生讲明白呢？为了解决这个问题，我把所有他们接触到的数学相关的课本和练习册都做了一遍，我能保证只要学生会在学校里面接触到的每一道数学题我都是做过的，这样的话我就能比较大概率地保证学生有什么问题我都能够解答。

我还有一个可以分享的教学经验就是要抓住学生学习当中的主要问题。比如我当时教的是普通班，比起重点班的学生来说他们的成绩会差一点，我思考了一下他们为什么成绩会差呢，其实第一个需要解决的就是学习兴趣问题。很多孩子从心理上是抵触的、反感的，这个时候他们的主要问题就不是知识点学不会，而是本身就不想学。针对这个问题，我的解决方法就是成为一个他们喜欢的老师，和孩子们建立一个比较友好的沟通，让数学课吸引更多孩子的目光，在不反感的前提下才有可能提高他们的成绩。为了消除孩子们对课堂的反感，我做了很多的努力。第一就是打造自己的人设，我认为老师是有个人特点的，为了让孩子们喜欢上数学，那我就首先成为一个孩子们喜欢的、愿意接受的、受欢迎的老师。在这里我做了很多的铺垫，包括课堂的互动、课堂的氛围，遇到调皮捣蛋的孩子用一种开玩笑但又很严厉的语气处理，等等。

雷玥玥：在和学生们的一年朝夕相处中，有什么让您难忘的美好记忆吗？

赵丹宁：回忆太多了，现在想来很多事还历历在目。我在临走的时候给孩子们发了一个本，可以写一写想要对我说的话，聊聊知心话或者吐槽都可以。等到我最后离开的那天，我坐在火车上，火车穿过各种隧道，坐在窗边我翻阅起了那个本子，说实话分别的场景我都没有落泪，但在一页一页翻看着孩子们写的话的时候，我真的没有忍住。班级里数学最好的男孩子写到，“老师你知道吗？以前我觉得自己就是一个透明的人，没有人会关注到我，也没有老师会在意我，但是你来了之后我发现你会关注我，会跟我有眼神交流、问题互动，这些举动让我感受到我是被关注被重视的”。有一个女孩留言说，“我以前特别讨厌数学，但是你来了之后我慢慢觉得数学课还是挺有意思的”，她开始主动地去做练习，成绩从 7 分提升到了 60 多分，是一个非常大的飞跃。在接手这个班时，我的想法是一切结果都重新开始，无论成绩是好是坏，我都会给每个孩子一定的关注和期待，希望他们能够向着更好的方向去发展。

雷玥玥：我们了解到您即将在字节跳动公司从事产品经理工作，请问这一年的支教经历有没有对您的未来工作选择产生影响呢？

赵丹宁：这一年的支教经历对我产生了更深层次的影响，就是对我价值观的改变，以及对我吃苦耐劳精神的打磨。这段经历让我看到了和之前完全不同的世界，并且接触到了完全不同的人，这对我的价值观是一种很大的完善。支教的生活比较艰苦，这种艰苦不仅仅是工作上的，还有很多困难是在心理上和生活上的，包括如何在一个完全陌生的环境中开展工作、寻求帮助等，我觉得这些对我未来的工作是有很大影响的。在研究生毕业后选择工作的时候，面对三份录用信我选择了其中强度更大、更累一点的工作，我愿意去吃苦去拼搏。这段经历让我明白了一个道理，你想要收获的前提就是必须要有所付出，只有一定的付出之后才能有所收获，所以在工作的选择上我没有选太安逸的，我也相信我的付出在未来的某个时间段会看到相对应的收获和结果。

第七章

接力久为功，筑梦满庭芳

一、共青团宕昌县委员会寄语

在党的二十大胜利召开、中国共产主义青年团成立 100 周年的关键之年，天津大学研究生支教团也迎来了成立 20 周年的重要时刻。在此，共青团宕昌县委谨向天津大学研究生支教团表示衷心的祝贺，并向历届研支团成员送上真挚的祝福！

自 2014 年支教宕昌以来，天津大学研究生支教团历届成员始终秉持“围绕中心、服务大局”的原则，扎根边远乡村教学一线，奉献青春、绽放芳华，激扬智慧、挥洒汗水，既在支教事业中结出了累累硕果，又同宕昌青少年和各族群众结下了深厚情谊。

九年来，你们围绕教育帮扶主责，聚焦教学主业，深耕三尺讲台，为宕昌培育出了一大批优秀学子；创办“第二课堂”，通过开设求实团校、云课堂、“梦想教室”及与结对学生开展书信交流等系列活动，为农村学生提供个性化、精准化教学服务，帮助广大农村青少年开阔视野，培养学生全面均衡发展；坚持送教上门，使知识的传播覆盖每一个特殊群体……你们先立德后树人的理念、既扶智又扶志的实践在宕昌教育的一池春水中激荡起了改革发展的层层涟漪。在脱贫攻坚期内，你们组织农特产品义卖增加贫困群众收入，开展消费帮扶拓宽宕昌农特产品销路，送文化下乡实施精神扶贫，募捐物资帮助特困群众纾困解难……为我县如期打赢脱贫攻坚战贡献了“天大”的研支团力量。在此，共青团宕昌县委谨代表受到帮助的广大青少年和各族群众对天津大学研究生支教团历届成员的无私奉献和艰辛付出表示最诚挚的感谢！

时光荏苒，白驹过隙。如今的宕昌已经与全国全省一道全面建成小康社会，顺利开启全面建设社会主义现代化的新征程。在你们的倾力帮助下，宕昌青少年正在以只争朝夕的精气神、时不我待的紧迫感和舍我其谁的责任感力学笃行、砥砺深耕，以实际行动践行着“强国有我”的铮铮誓言。在今后的工作中，期待研支团成员继续发扬“传承发展、实践创新”的优良传统和“奉献、友爱、互助、进步”的志愿服务精神，向更多的宕昌青少年普及科学知识、传播先进文化、弘扬文明新风，持续激发和培养孩子们求知的热情、乐学的兴趣和善学的能力，为祖国的西部培养出更多合格的社会主义建设者和接班人！

二、共青团宕昌县委员会原书记周建林寄语

九年来，天津大学研究生支教团秉承“强国有我”的青春担当，将扶贫事业作为“天大”的事业去做，在“扶智扶志”上创新方式方法，扎根教学一线，创办第二课堂，打造“智慧空间站”云课堂教育扶贫品牌，极大地拓宽了我县青少年的视野，点燃了青少年“走出去”“考

名牌”的激情，为阻断贫困代际传递做出了巨大贡献。诚挚感谢历届研究生支教团所做的努力和付出，你们用一年珍贵的青春，在祖国最需要的地方，书写了人生最靓丽的篇章。衷心祝愿天津大学研究生支教团行稳致远，再创佳绩！祝愿各位同学身心健康，学业有成，工作顺利！

三、宕昌县大寨九年制学校党支部原书记、校长后金海寄语

2019 年秋季学期以来，袁超伦等 11 位天津大学研究生支教团成员来到我校开展支教工作。11 位同志均坚守于教学一线，爱岗敬业、严谨治学、为人师表，处处严格要求自己，为我校带来了活力生机，出色地完成了教育教学任务，得到教师、学生、家长的一致好评！

一是工作勤勤恳恳、任劳任怨。11 位同志具有强烈的事业心和高度的责任感，勇于开拓、锐意创新，能够虚心向老教师学习，认真钻研教材，积极参与各项教研活动，努力提高自身的业务素质，取得了显著的工作效果。学校晚自习结束后，他们常常会在教室辅导学生，个别辅导、集体练习，诲人不倦。为了上好每一节课，他们在备课过程中认真分析教材，根据教材的特点及学生的实际情况设计教案、制作课件、上网查资料，常常忙到深夜才休息。

三年来，11 位同志认真备课、上课、听课、评课，及时批改作业、讲评作业，做好课后辅导工作，严格要求学生、尊重学生、鼓励学生，使学生学有所得，学习成绩有了显著提高。

二是积极参加各种集体活动。支教团同志到我校之后，积极参加学校各项活动，从不缺勤。研课标说教材活动、“读书月”系列活动、“六一”文艺汇演、适龄儿童信息采集、百草厅的筹备等都有他们积极、忙碌的身影。

三尺讲台书写天大教育情怀，支教大寨撒播教育振兴之火。三年的时光里，我校全体师生深深地感受到天津大学研究生支教团成员的敬业、务实、创新和爱心。他们在各自的岗位上，付出了热情和汗水，收获了真情与真知，得到了认可。他们用实际行动践行着“奉献、友爱、互助、进步”的志愿服务精神。希望支教团能够再接再厉，为振兴乡村基础教育事业贡献自己的青春力量。

四、宕昌县城关第一小学校长尹倩倩寄语

2017 年秋季学期初，我们宕昌县城关第一小学迎来了两位朝气蓬勃的天津大学研究生——张阁、曹沥丹。这两位同志在我校支教一学年，其间，他们工作踏实、为人谦逊、上进努力，解决了我校教师紧缺的问题，为我校带来了活力生机，也让我们收获了两个好朋友，感受到了天津大学与宕昌的深情厚谊。

一是工作踏实上进，爱护学生。到我校后，两位同志没有休息，第一时间投入工作之中，张阁承担了三年级语文教学工作，曹沥丹承担了二年级数学教学工作。两位同志全身心投入教学工作、开展教学活动，积极参与我校各项教研活动，主动听老师们讲课，不断学习、总结教学方法，努力提高教育教学水平。放学后，他们不管多累都会护送学生回家，同时进行家访活动，深受学生和家长喜爱。工作之余，他们不忘上进，每天天刚亮就在操场学习自己的专业知识。他们这种刻苦学习的品质，给我校师生留下了深刻的印象，起到了积极的带动作用。

二是积极参加学校的集体活动。两位同志到我校之后，就当自己是学校的一分子，积极参加学校各项活动，从不缺勤。2018 年春季学期，我校参加全县文艺竞演，两位同志积极加入，与学生一起演出了综合性自创节目《梦想开始的地方》，并获得全县教育系统第一名的好成绩。

三是生活质朴，帮助同事。两位同志都是在大城市上学的男孩子，来到我们宕昌却能很快融入小地方的生活。他们在学校居住生活，坚持自己做饭。我们的老师电脑操作水平不高，遇到问题总是向两位高才生请教，他们总是不厌其烦、耐心指导。遇到老师们委托的视频、音频编辑的事，他们经常牺牲自己的休息时间来完成，老师们对他俩总是赞不绝口。

四是发挥个人力量，为学校联系捐赠图书。2017 年底，曹沥丹同志发挥个人力量，联系了重庆银海租赁团支部为我校捐赠了 200 本图书，这些书籍丰富了学校藏书，给孩子们增添了精神食粮，让我们备受感动。

支教团成员张阁、曹沥丹来我校支教，是天津大学传递给我们的深情厚谊，让我们感动、感激，并深深地鼓舞着我们。在此向张阁、曹沥丹致以谢意，向天津大学表示衷心的感谢！谢谢！

五、宕昌县沙湾中学副校长沈阳选寄语

2020 年，沙湾中学原高三班主任兼数学教师因病告假。天津大学研究生支教团成员曹质远同志被分配到沙湾中学后，迎难而上，承担了该班级班主任、数学老师的工作。他以极高的热情投入工作，很快熟悉工作，完成角色转换。在一年的艰苦努力下，曹质远同志不但圆满完成高三毕业班数学教学工作任务，而且出色地完成了班主任的教育任务，在学校得到教师、学生、家长的一致好评！

曹质远忠诚党的教育事业，爱岗敬业、严谨治学、为人师表，处处严格要求自己。在思想上，该同志坚持拥护中国共产党的领导，积极参加单位组织的各项政治学习，努力提高自己的思想政治觉悟，严格遵守沙湾中学的各项规章制度。

在工作中，该同志具有强烈的事业心和高度的责任感，工作勤勤恳恳、任劳任怨、勇于开拓、

锐意创新，能够虚心向老教师学习，认真钻研教材，积极参与教研，努力提高自身的业务素质，取得了显著的工作效果。

在生活中，该同志想他人之所想，急他人之所急，团结同志，乐于助人，注重提高个人修养，在搞好本职工作的同时，积极参加各种集体活动，认真完成组织交给的各项工作任务，受到了学校领导和家长的一致好评。

一粒沙中藏着一个世界，一滴水里藏着一片海洋。曹质远同志是天津大学研究生支教团的杰出代表，天津大学研究生支教团的同学们思想觉悟高，业务能力过硬，是精英中的精英，是现代大学生的楷模！

六、宕昌县实验中学信息中心主任王禹寄语

天津大学研究生支教团的林子和李名洋曾服务于我们学校，当时正好赶上市里和县里大力推进创客教育。林子在上半学期充分利用自己的专业技能和比赛经验，悉心地从原理上指导学生，手把手教会学生程序编写、调试，预估比赛中会出现的各种情况并提前交代好解决方案。比赛前的那段时间，我看他几乎“驻扎”在了学校创客教室，学生一来便可以进行新一轮的调试和优化。最终林子指导的队伍在“世界教育机器人大赛”中，以超过第二名一倍的分数稳居初中组第一。下半学期，学校开展了常规化的创客教育课程，李名洋和林子一同承担了这些课程的教学任务，使用各类创客套件让学生在学中玩，在玩中学，也为后面我们的接手打下了基础。他们两人在一年的服务期间，和我们学校的老师们并肩作战，一同将实验中学的创客教育办了起来。

七、共青团布尔津县委员会书记王立丽寄语

天津大学研究生支教团服务布尔津县 14 年来，一批批天大学子在布尔津县打造了一个个响当当的志愿服务品牌，云课堂打开了布尔津县孩子的另一个世界，将优质的天津大学教育资源注入布尔津；求实团校把天津大学团校运行模式引入布尔津县，在团员教育工作中发挥重要作用。“繁花如愿，未来可期”书信交流活动，帮助布尔津县青少年解答成长困惑、明确未来目标、激发奋斗梦想。14 年，研支团项目加强了相隔千里的两座城市之间的交流，筑起了两地人们友谊的桥梁，真正实现了“津津相连”。

八、冲乎尔镇寄宿制中学党总支书记吴芳寄语

天津大学研支团用一年的时间做一件有意义的事，在条件艰苦的薄弱学校尽自己最大能力完成教学任务，从学生转变成老师，从被关心到关心他人，有泪水，有汗水，也有收获。他们用时间、热情、努力成就了一个个求知的学生，带着资源包开阔学生视野，开展一节又一节的云课堂，拉动了“津津相连”工程，调动学生对科学的求知欲，用行动感化着孩子，用爱心暖化着孩子。对天津大学研究生支教团，我们除了感谢不知道还能说什么！希望今后他们能够继续用这种热情、这种情怀拥抱生活，拥抱未来！

九、布尔津县初级中学党总支书记王桂玲寄语

自 2009 年以来，天津大学研究生支教团投身到祖国西北边陲小镇的布尔津县初级中学累计 18 人次。研支团带来的天津大学云课堂，涵盖着理想信念、科普教育、传统文化等多个方面，为我们这里的孩子们架起了通往外面世界的桥梁，让孩子们接触到外面更加广阔的天地；求实团校助力初级中学团建工作，为共青团输送新鲜血液；“津津相连 · 情暖西部”义卖活动筹集善款送去温暖，“津津相连 · 书信交流”结对子、捐助书籍送孩子……一届届天津大学研究生支教团成员的接力，让我们看到了“不走的支教”精神。

十、布尔津县窝依莫克镇寄宿制中心小学原校长周华寄语

天津大学研究生支教团自 2017 年以来，共有四届 13 名成员来到窝依莫克镇寄宿制中心小学支教。我校属乡镇中心小学，师资力量严重匮乏，支教团成员承担了学校多门课程的教学任务，每人教授 3 门以上课程，每周约上 15 节课，备课经常要到凌晨一点多，但是支教老师们能够很快进入角色，对待工作、对待学生有足够的投入与关心，积极主动地承担学校的各项任务，让自己每时每刻都发挥出作用。学校老师们称赞支教团成员“不是师范生，胜似师范生”。学校没有专门的职工食堂，但是支教团成员面对艰苦的食宿条件没有任何怨言。我校全体师生深深为支教团成员的敬业、务实、创新和爱心感动。希望支教团成员能够再接再厉，无论在哪里工作，都能发挥更好的作用，展示优秀的品格。

十一、布尔津县阔斯特克镇寄宿制中心小学副校长孙慧寄语

支教，是一种信仰，更是一份责任。青春的韶华里，有学生的梦想；祖国边疆的土地上，有天大研支团接力传递的一份美好。

“教书育人，为人师表，做好本职工作”是支教团的初心和使命，他们秉承着匠心育人的支教初心，站好三尺讲台，勤勤恳恳，做好教学本职工作，认真完成各项任务安排，不忘来时初心，承担自己的职责与使命，不断探索，传递着爱的力量。

一年的时光里，研支团的成员们在各自的岗位上，付出了热情和汗水，收获了真情与真知，得到了认可，用实际行动践行着“奉献、友爱、互助、进步”的志愿精神，为服务地的基础教育事业，贡献自己的青春力量。

十二、布尔津县神湖路小学党政办公室主任禹海燕寄语

研支团的两位老师刘淑雅、马馨茹是有情怀、有朝气、高素质的人才！两位老师坚持扎根基层，克服饮食、气候、交通等诸多不便，为神湖路小学的孩子们带来知识、希望和梦想。在学校，她们严守支教讲台，严格要求自我，做好教育教学工作，积极探索教学新模式，研究探索教学方法，总结教学经验。她们结合实际、潜心设计，备好每一堂课、讲好每一节课、提升教学品质，还会在业余时间，开展“津津相连”线上课堂，为孩子们带来奇妙的科学课堂！

在工作期间，刘淑雅还参与了学校办公室部分工作，马馨茹则参与了德育处部分工作，她们服从学校的工作安排，充分发挥自己所学，完成教育教学任务和各项行政工作。同时，她们通过人文关注、友伴关怀等方式帮助服务地学生树立爱学习、会学习的理念，以人格影响人格、用心灵塑造心灵，践行研支团初心，为服务地的教育事业注入新鲜活力，让青春之花绽放在祖国最需要的地方。

第八章

一年西部行，一生支教情

一、第七届孙云超寄语

用青春和热血，浇灌祖国美好的明天！这一年的特殊经历，值得认真体验、反复品味，将是各位一生中永远值得回忆的瑰宝！加油吧，小伙伴们！

二、第十一届尘恒寄语

支教是一段难忘的经历，也是人生难得的精神财富。希望支教团成员能珍惜这一年短暂宝贵的支教时光，勤勤恳恳、兢兢业业，尽全力去辅导、帮助那些可爱的孩子们，不负韶华。

三、第十二届冯利彬寄语

我们原来笑谈，“人活一世，应当做一两件可以向子孙后代吹牛的事”。虽是笑谈，但也是内心一种对志愿者事业的崇高敬意。支教志愿者应“仰不愧于天，俯不怍于人”，是堂堂正正受人敬仰的群体。希望所有支教志愿者的出发点是为西部教育事业乃至社会的发展贡献自己的青春活力。作为志愿者的日子是短暂的，但志愿者的身份会伴随我们一生。为支教奉献自己的青春是一时的，但作为一个“窗口”让更多人了解当地的真实风土是我们一辈子的职责。过往是一种积淀，你在奉献的同时，“奉献”也在回馈你。

四、第十三届夏超寄语

走出自己习以为常的生活，不仅要去别处看一看，更要去别处生活一番。若是走马观花，看见的浮光掠影只是他人生活的表面，甚至只是自我的倒影；希望我们去别处生活，将自己沉浸在另一种生活中，这并非只是一种体验，更是对自我边界的拓展。希望每一位支教团的朋友都能在支教中对自己、对他人、对世界有新的认识和发现。

五、第十五届乔霂寄语

青春热血、努力奋斗的中国青年活跃在世界的每一个角落，用自己的力量影响着这个世界。支教是个起点，是人生精彩篇章的前言，永远相信这个世界的美好会因你的付出变得更加绚烂。

时间会证明一切皆有可能，主动承担社会责任，在支教的经历中汲养自己，用自己的所学所识影响身边人，常怀感恩之心，育天地浩然之大德。

六、第十六届金伟晨寄语

我时常对自己说，选择在 2014 年来到这个距离自己 2 000 多公里的地方可能是到目前为止做出的最正确的一个决定，临行前或许有依恋，或许有不舍，但是请永远相信自己的决定，也永远相信这一年的经历会让你受用无穷。当你把走出去的思想带给那里的孩子，当他们用最淳朴的民风感化你的时候，你便会深刻体会到两句话，一句是天生我才，一句是教学相长。

七、第十七届李雪寄语

我们来自全国各地。每一位支教老师因为共同的梦想而缔结在一起，每一次支教也因为同一个目标而采取行动——到支教事业最需要的地方去！到祖国最需要的地方去！我们一直用沉默的声音向着天地呐喊；我们一直用坚定的步伐向着未来奔跑；我们背井离乡，跨过万水千山来到世界上一个个不为人知的角落，正是为了人类最伟大的事业——教育事业。

支教事业并非一条坦途。很多时候我们会感到面对命运是如此无力，即便做了很多却仍然改变不了什么。然而这就是支教之路，一条充满艰难与孤独的路。对于支教老师来说，诺言一旦许下，或许就永远没有结束的时候了。可是最难能可贵的是你选择了支教，你没有仅仅停留在关注之上，你把自己的时间与一部分命运交给了大山，交给了山区的孩子，同时也交给了自己的梦想。一个有梦想并心存希望肯去拼搏的人，怎么会教不好那些学生？你的到来就是山区孩子们的一点幸福，你的到来就是支教事业的一点进步。

我们始终坚信知识能改变命运，我们也时刻提醒自己要量力而行，对于支教这件事从来就是顺其自然，也始终需要坚持到底。当一个支教志愿者既有信念又有力量的时候，也是支教开始发挥正能量的那一天。

八、第十八届包妍妍寄语

我相信，每一位支教团的成员，都不会认为支教的一年仅仅是付出和奉献。翻看相册，探寻回忆，我们都发现这一年带来的收获实在是太多太多了。收获了相互扶持的朋友同事，收获了小朋友们的纯真可爱，收获了祖国边疆的世外风光，收获了实岗锻炼的能力提升……当然，还有永远戒不掉的新疆美食和总是想要回去生活的童话小镇。一直以来都很感谢所有让我成为研究生支教团一员的人和事，感谢他们让我的人生有了一次“辅修”的机会，让我拥有足够强大的力量和更加坦然的心态去面对未来的人生旅途。希望当前正在岗位上的学弟学妹可以珍惜这一年的时间，全情地投入“第二个人生”中，去敞开心扉地感受不一样的生活方式，去不计得失地爱身边的学生和朋友，去发现并接受一个和以往不同的自己，不让这段旅程中留下任何遗憾。

九、第十九届祁毓豪寄语

一年时间说短也长，支教的一年是会永远铭刻在我们记忆里的一段经历，我们能做的事情有很多，请大家忘记自己志愿者的身份，全身心融入当地的政策、风俗和人文氛围里，成为其中的一员，带给孩子们真诚的、有价值的影响。请相信，我们的一言一行都会在孩子们的心里埋下小小的种子，希望大家都能做一名合格的教师，一位亲切的大哥哥、大姐姐，一个彼此支持、充满温暖的团队中的一员。享受支教的时光吧！

十、第二十届赵丹宁寄语

嗨，你好！欢迎加入研究生支教团！可能现在的你已经在支教地开展工作了，也可能现在的你正在收拾行囊准备出发，抑或是刚刚拿到研究生支教团的入场券……无论你是哪种状态，都要对你说声“恭喜”和“感谢”。恭喜你，踏上了这段既是支教也是自教的旅程，相信当你结束一年的生活时，也会和我一样，满载收获和成长而归。同时，还要感谢你，愿意用一年的时间投身到公益事业之中，这是你的担当，也是我们这代人的责任。最后，希望你在这一年里，珍惜时光，踏实工作，摆正心态，坚韧不拔！相信这段经历会让你遇到更好的自己！

十一、第二十一届杨思超寄语

支教是一项神圣而伟大的事业，要心无旁骛、用心用爱地完全投入其中，塌下心来，扎下深根，这样充实而美好的生活也一定会让你深深爱上服务地，给予你无尽的成长与感动。一年时间很短，能做的有限，但人生无限，爱这片宛如第二故乡的热土的心无限，竭尽所能，躬身服务，让西部走向更辽阔的世界，让孩子们拥有自信、从容、尊严和无限可能的未来，是我们天津大学研支团共同的矢志不渝、共同的心之所向。加油吧，让我们的星火永远不熄，以爱为翼，云上筑梦！

十二、第二十二届刘泽远寄语

有很多学生曾经对我说："老师，你身上有与这边老师不一样的东西。"我姑且把学生的这种评价当作对我的褒奖，但是从一个支教老师的角度深入思考后，我开始发现：在经济发展相对落后的宕昌，孩子们缺乏的并不是书本知识，而是对大山外美好事物的认知和向往，以及未来人生的目标和方向。

背起行囊，奔赴西部。身为一名支教老师，我知道自己力量渺小，不会带来惊天动地的变化，教授学生的数学知识他们也可能很快忘记。但是一年的时光里，我发现自己真的可以成为孩子人生路上的引路人，指引着他们完成哪怕一个目标的确立、一场考试的进步、一个知识点的领悟。这种强烈的自我价值认同感，让我在离别之时想到了当初看到的研支团的那句口号"用一年不长的时间，做一件终生难忘的事"，理解了它真正的意义：那就是坚守初心，让自己绚丽的青春之花，在祖国和人民最需要的地方绽放！

希望所有未来天大研支团的弟弟妹妹们，珍惜这个来之不易的机遇，在西部找到自己的价值、留下属于自己的足迹。相信你们绝不会后悔！

十三、第二十三届雷玥玥寄语

一年支教的时间漫长而又短暂，长到足以让你熟悉这个小镇的每一个角落，却短到有很多话没有说完、很多故事没有讲完就要离别。

支教是初心，是情怀，是难以割舍的情感，也是心里最绵长的牵挂。也许未来"小雷老师"的名字会消失在孩子的记忆中，但天大研支团的支教精神将会永远在他们心中熠熠发光。

希望在我身后的第二十四届、二十五届……甚至是未来的第一百届支教团成员们，享受这一年单纯快乐的时光，只争朝夕，创造希望。我相信，经历了种种快乐，疲惫过后的你们会感谢这段时光。愿能以这代代传承的小小萤火，照亮乡村孩子的颗颗童心，映射炽热真诚的独特光芒。

祝看到这里的大家，永远年轻，永远热泪盈眶！

十四、第二十四届解乾宏寄语

此刻，驻足于宕昌的群山深处，我怀揣带孩子们走出大山的愿望，书写着和孩子们双向成长的故事。

回首过去四年，我们在大学中会面临各种各样的选择，也难免会被内卷和焦虑所裹挟，我很庆幸可以在快节奏的当下，选择慢下来，去追寻之前在各种支教、扶贫、志愿服务工作中锤炼出的初心，奔赴祖国西部，为国家乡村振兴事业贡献自己的力量。

一年的旅途已近半，在讲台上，在孩子们的欢声笑语中，我找寻到了些许关于迷茫青春的答案，也收获了种种温馨和真挚的情谊，以至于我每日不舍地数着所剩的时日。不过支教的旅程并非一直是坦途，将来的你或许也会遇到各种各样的困难，但请相信，用爱为孩子编织美好未来的你，在经历一次次磨炼后，终究会带着温暖的记忆满载而归！所以，来到服务地后的你，不妨全心投入，努力扎根，为孩子们点燃梦想，体会最真实的民情，度过无限精彩的支教时光。

愿未来研支团的学弟学妹们都可以坚定自己的选择，坚守初心，让这一年充分发挥意义，有所收获，不留遗憾！让我们在三尺讲台上找寻自己心中的答案，在祖国西部书写最美芳华！

第九章

兴学扬校誉，奋楫新征程

立足“教书育人、桥梁纽带、乡村振兴”的角色定位，天津大学研究生支教团坚持“扶智”与“扶志”结合，在教学主业和品牌工作两端持续发力，扎实开展各项教育帮扶和志愿服务工作。历经 20 载，研支团打造了具有天大特色的研支团工作体系，将天大人兴学强国的使命和爱国奉献的传统深深播撒在了祖国西部，在提高教学成绩、促进学生全面发展等方面不断贡献“天大方案”，获得上级部门的高度认可和广泛好评。

截至 2022 年，天津大学研究生支教团工作经验连续 3 年入选全国研支团网络培训班必修课程，荣获中国青年志愿服务项目大赛银奖、中科协首届科技志愿服务先进典型、“互联网 +”创新创业大赛全国铜奖等 10 余项省部级以上奖项；相关工作情况先后被中国政府网、人民日报、今晚报、人民网、新华网、中青网、科学网、文明网、西部志愿汇官方微信平台、中国青年志愿者官方微信平台等 40 家媒体累计报道 150 余次；多位研支团成员荣获全国高校百名研究生党员标兵、中国大学生自强之星、天津大学十佳杰出青年等荣誉。毕业后，大量研支团成员主动选择到中国运载火箭技术研究院、工程物理研究院等国家重点领域、改革发展前沿和基层一线工作，继续在祖国最需要的地方建功立业。

以上成绩的取得，是研支团20年的传承积累，是227位战友共同努力的成果。奋楫新征程，天大研支团将永葆立德树人的教育初心，在教育帮扶领域绵绵用力，久久为功，在祖国最需要的地方建功立业，以实际行动扬校誉于无穷。

人民日报　2021年1月31日 星期日　5 教育

深聚焦·教育扶贫攻坚克难 3

广大高校师生积极发挥优势，开展特色扶贫项目

打造"带不走"的扶贫队

本报记者　吴　月

核心阅读

深入乡村学校，让孩子接受更高质量的教育；提升医疗服务，防止因病致贫、因病返贫；开展文化扶贫，把"指尖工艺"变成"指尖经济"……决战脱贫攻坚，各高校创新帮扶形式，把人才、资源优势等与贫困地区短板结合起来，让脱贫具有可持续的内生动力。

教育扶贫

把梦想种在孩子心里

健康扶贫

家门口享受优质医疗

智力扶贫

富口袋更要富脑袋

文化扶贫

激发脱贫内生动力

教育时评

不得有任何形式的家庭暴力

一吐为快

作业需要家校合作

2021 年 1 月 31 日人民日报报道天津大学研究生支教团教育帮扶事迹

报道节选

1. 中国青年报：为西部孩子打开看世界的窗（2023 年 3 月 8 日）

从渤海之滨到西北边陲，20 年来，227 名天津大学学生踏上兴学之路，在吉林大安、新疆布尔津、甘肃宕昌的 16 所学校站上三尺讲台，浇筑青春热血，覆盖学生 13 000 余人，让尚学求问之风在神州大地燃起点点星火。

天津大学研究生支教团始终坚守立德树人根本任务，立足“教书育人、桥梁纽带、乡村振兴”的角色定位，坚持“扶智”与“扶志”结合，为西部地区教育事业发展和乡村振兴贡献微薄之力。

“同学们，可以听到我的声音吗？很高兴和大家在云端相见。”天津大学团委书记管虹正通过互联网平台带领新疆、甘肃的中学生们云游天津大学，领略巍巍学府的风采，感悟“大先生”的家国情怀。

“支教不仅是十几名研支团成员的扎根奉献，更是我们全体师生的事。”管虹告诉记者，天津大学研支团搭建“智慧空间站”云课堂平台，为全校师生通过互联网平台助力西部地区教育帮扶提供了载体。

云课堂活动现场

据悉，云课堂汇聚了天津大学优质教育资源，主讲人涵盖国家重大项目首席专家、思政名师、朋辈榜样。2017 年以来，已开展科学普及、人文鉴赏、思想引领等各类云课堂 160 余期，形成了一批可复制推广的“金课”，辐射 10 余个省份的 3 万余名学生。“我们希望通过一块小小的屏幕，为西部孩子打开走出大山看世界的‘窗’，启迪梦想照亮未来。”管虹说道。

天大研支团品牌活动

“我的家乡很小，但有时候也很大，大到能装下我所有的胡思乱想，更能装下我熠熠闪光的梦想。”在书信交流活动分享会上，新疆布尔津县学生贾伊桑的信一直让管虹印象深刻，那张淡蓝色的信纸，触动了许多志愿者内心最柔软的地方。在研支团发起的书信交流活动中，孩子们在信中认真地写下了属于他们的“秘密”，把一纸书信当成了“解忧杂货铺”。6 000 余封往来信件中，充满了来自远方的哥哥姐姐们的鼓励与期盼，更饱含着孩子们的纯真与憧憬。

书信交流活动

无独有偶，研支团成员袁超伦则把和孩子们的珍重情谊化作旋律。“你们会赠予我人生的理想，虽然风吹雨打仍要欣欣向阳，经历风雨百草依旧茁壮成长，读完十年寒窗少年皆成栋梁。”他为大寨九年制学校创作了这首校歌《我和百草有个约定》，与孩子们许下来日方长的承诺。

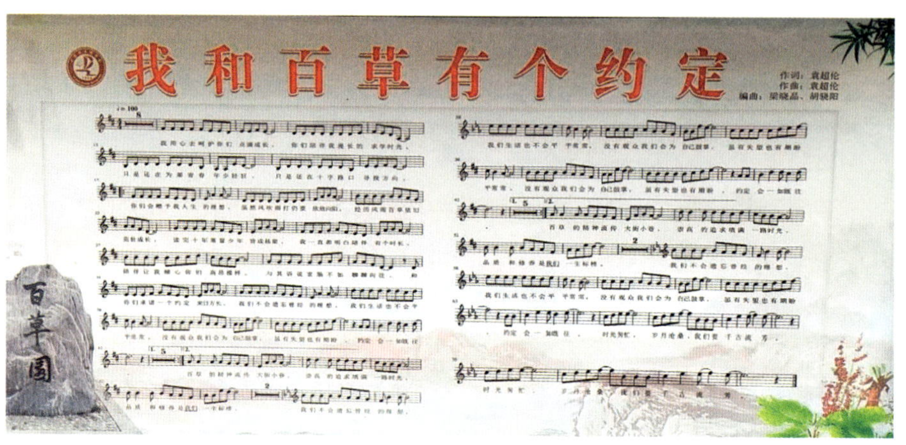

校歌《我和百草有个约定》

宕昌县有“千年药乡”的美称，在“百草可为药，人人乐成才”的教育理念下，研支团成员们勉励孩子们要像“百草”般，无论生长在怎样的原生环境中，始终乐观向上、茁壮成长，努力发挥出自己特有的“药效”。这座“百草园”有一间“三味书屋”，也是天津大学的第 100 间梦想教室。在这里，研支团成员们用《百草档案》记录着每一名学生的情况，“一人一档”让研支团的接力培养“无间断”，《百草档案》里不仅有每一颗“小草”的成长历程，更见证了研支团成员们的付出与收获。

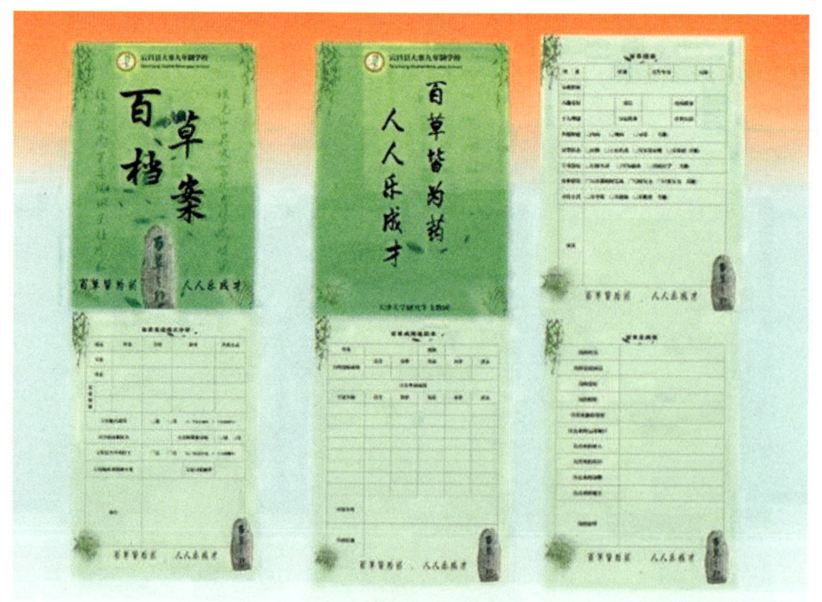

记录学生成长历程的《百草档案》

2. 西部志愿汇：天津大学研支团在西部的二十年（2022 年 12 月 30 日）

深林草场，童话边城，陇上江南，这里有跨越二十年的长途跋涉，这里有手牵手的温暖陪伴，这里有一批又一批人带着山外的故事如约而来。

天津大学自 2003 年起实施中国青年志愿者研究生支教团项目，派出服务队服务于吉林大安、新疆布尔津、甘肃宕昌三地。二十年间，227 名天大青年踏上兴学之路，扎根三尺讲台，用青春热血浇灌理想和希望，成为走向大山深处的筑梦者，让使命与担当在祖国西部镌铭如铜刻。

二十年来，有讲台、教室，也有藏在指纹中的粉笔灰；有操场、跑道，也有孩子们的笑脸；有青春、感动，也有珍藏于心的美好情谊，有记忆、传承，也有对未来的无限希望。

“那年去布尔津支教的有 12 人，在那个只能在车站买票的年代，我们只买到了 10 张卧铺票。两天一夜的车程，但我们每个人仍然是热情洋溢、满心欢喜。”在第十二届研支团志愿者冯利彬的支教记忆里，这是他最难忘的画面。

第十二届研支团志愿者在去往新疆布尔津的火车上

“学贵得师，亦贵得友”，天大研支团始终践行着这样的教育理念，坚守着立德树人根本任务，用一份份真心换来孩子们的真情。讲台前后，志愿者们亦师亦友，走近孩子们身边，用博学开阔着孩子们的视野，用真情陪伴着孩子们的成长，用厚重宽广的肩膀和血气方刚的斗志，努力托举起大山深处的希望。

今年成功考入天津大学的叶尔扎提，是第二十三届研支团志愿者蔡秋全在支教学校开展的一场“梦想”主题讲座的观众。“蔡老师讲述了他不断克服困难成长至今的励志故事，这是我第一次认识到命运应该掌握在自己的手中。那天过后，我在心里默默许下考上天津大学的梦想。”今年八月，叶尔扎提收到了梦寐已久的天津大学录取通知书，也再次在天大的校园里见到了高三那年带给他追梦勇气的蔡老师。

蔡秋全为布尔津县高级中学开展“梦想”主题讲座

研支团志愿者刘习在支教期间担任了物理老师兼班主任助理。在一次家长会后，很多家长来到她的跟前，“我们娃回家经常和我说物理老师特别认真负责”，“要是被你表扬了回家能和我炫耀好几天”，“娃回家要是饭吃得特别快，着急去上晚自习，我就知道一定是物理晚自习”。与家长们的交谈让她意识到，尽管是志愿者老师，但只要真心付出，一定能够换来家长和孩子们的认可和喜爱。

作为第二十批奔赴西部的天大青年，在出征仪式上，第二十四届研支团志愿者牛孟睿带领 18 名志愿者庄严宣誓：“立天大志向，展天大胸怀，承天大责任。用一年不长的时间，做一件终生难忘的事情！”誓词凝练着天大研支团二十年跨越千里山河去往西部的使命和担当，也唱响了 227 名天大志愿者的真挚心声。

天津大学第二十四届研究生支教团出征合影

第六届研支团志愿者刘福聪在支教结束后仍旧与他的学生们保持着密切的联系。多年过去了，学生依旧把他的话视作座右铭，很多学生的家中还挂有他们的合影。刘福聪每次到长春出差，在附近的学生都会赶到长春一起聚会。他回过支教地两次，都是受当年支教学生的邀请去参加他们的婚礼，一名学生还将婚礼订在了他生日那天。这样的情节让刘福聪不禁感慨："我确实用一年不长的时间，做了一件终生难忘的事情！"

支教是一场双向奔赴。刘福聪是每一名天大研支团志愿者的缩影。在这场双向奔赴中，他们无一例外，都成了学生心目中高大的榜样，也收获了值得珍藏一生的回忆。

刘福聪和四班师生的合影

天大研支团志愿者还不断发挥专业优势和能力优势，为服务地学校实现了多个"从无到有"的成就。第十六届研支团志愿者刘畅在布尔津县城镇四小成立了为农民工子女服务的北洋童声合唱团，利用课余时间教授孩子们合唱技能，为孩子们提供演出的舞台。越来越多的孩子勇敢站到台前，这群乡村里的"小小歌唱家"成为当地最动人的风景。

刘畅与北洋童声合唱团孩子们的合影

宕昌是千年药乡，百草皆为药，人人乐成才。第二十一届研支团志愿者袁超伦为学校创作校歌《我和百草有个约定》，写下了与“百草们”来日方长的承诺，也成为鼓舞孩子们勇敢追梦的精神图腾。研支团制作《百草档案》详细记录每一名学生的成长情况，便于因材施教，这也成为研支团志愿者接力传承的纽带。

宕昌县大寨九年制学校校歌和《百草档案》

帮助服务地孩子们开阔视野，提高综合素质，这也是天大研支团二十年来不变的初心。天大研支团以“传承发展品牌活动，实践探索支教新模式”为服务主线，发挥教书育人、桥梁纽带、乡村振兴的角色功能，在服务地开展了云课堂、书信交流、丰羽路、青鸟广播站等一系列品牌育人活动，累计覆盖学生 4 万余人。同时作为桥梁连接天津大学和服务学校，将原有的研支团单一输血转变为集中力量造血，真正实现“不走的支教”。

天大研支团在服务地开设品牌育人活动

为更好发挥研支团育人阵地作用，践行“为党育人，为国育才”的初心使命，天大研支团将天津大学的育人阵地——求实团校带到了服务地，人人化身思政老师，登上讲台为学生们讲团课。自成立伊始，每一名志愿者都会结合自身成长经历和所学特长，打磨一节属于自己的特色团课。

今年，在宕昌支教的孟悰延和徐灏轮还分别担任了学校的少先大队辅导员和团委书记，队课、团课成为他们与孩子们思想交流的前沿阵地。“要让孩子们埋下理想信念的种子，明白应该成为什么样的人，这也是除了学习成绩外很重要的一部分。”孟悰延说。

团课“时光锦囊”现场

2020 年，天津大学研支团在支教的大寨九年制学校建立起了第 100 间梦想教室。依托梦想教室，天大研支团打造了全方位的云帮扶体系，广泛邀请天大优秀师生云端授课，涵盖理想信念、科学普及、心理教育、人文素养等多个方面，这间教室也成为志愿者带领孩子们畅谈梦想、勾勒人生的平台。七年级的韩玉荣在梦想教室观看了第一堂云课堂，在这里她第一次见到真实的机器人模型，就被梦想教室里的世界深深吸引。她在日记里写道：“志愿者老师曾告诉我们要有做梦的勇气，没想到我今天能见识到梦想中的机器人，原来我距离梦想，是那么近。”

研支团发放来自天大哥哥姐姐的亲笔书信

二十载的接力奔赴，二十载的更迭传承，壮美山河与灿烂笑容共同勾勒出了最美好的青春。接力廿载兴学路，守护三尺讲台情，故事仍在继续书写，天大研支团这份关于陪伴成长的诺言，将约定下一个来日方长！

3. 今晚报：云课堂为山里娃插上梦想翅膀（2021 年 4 月 25 日）

“崔老师，好久没见到您了，我们特别想您！”“孩子们，我也很想你们啊，终于又见到你们了！”近日，在甘肃宕昌县大寨九年制学校的北洋梦想教室里，当孩子们通过云课堂的大屏幕再次看到远在天津的支教老师崔博涵时，十分激动和兴奋。从 2017 年开始，天津大学研究生支教团利用网络直播开设云课堂，对甘肃宕昌县、新疆布尔津县的 9 所学校的学生进行科技启蒙和理想信念教育，受到社会各界的一致好评。

远程支教山里娃

近日记者来到天津大学采访时，天津大学学生崔博涵正与宕昌县大寨九年制学校的学生远程连线，为学生们上题为“我的故事我的课，我的自强我的歌”的网上云课。崔博涵是天津大学数学学院 2017 级本科生，曾获中国大学生自强之星、国家奖学金、天津大学优秀学生标兵等荣誉。

授课伊始，崔博涵讲述了自己在宕昌县两周的支教经历，分享身边的趣闻趣事，同时向学生们提出了三个问题：为什么要读书？为什么要读大学？你的目标是什么？带着这些问题，学生们认真仔细倾听她的故事，从中找寻答案。

崔博涵从自身经历讲起，给同学们上了一堂生动的“人生课”。她讲述了自己在不同阶段遇到的困难：童年时期，遭遇家庭变故；初中时，独自前往大城市求学；高中经历成绩的大起大落。她告诉学生们，坎坷的经历没有让她意志消沉，反而激发了她自强的动力，如最终如愿考入心仪的大学。

“在大学中，你们的生活不单纯是学习，还能结识很多朋友，还可以绘画唱歌、做志愿者、去支教传递爱心。”崔博涵向学生们描绘未来的生活，鼓励他们奋发努力。

据天津大学第二十二届研究生支教团团长贾浩然介绍，自 2017 年起，天津大学研究生支教团创新“互联网 +”模式，在宕昌县、布尔津县服务地利用网络直播开设云课堂，截至目前已累计开展课程 115 期，覆盖学生超过 2.4 万人次。

线上线下学党史

近日，天津大学研究生支教团成员在甘肃宕昌、新疆布尔津的多所服务学校里，开展“一封家书探初心”党史教学活动。云课堂上，支教团成员为大家讲授杰出的无产阶级革命家张太雷仅存的家书，师生们用心倾听历史。几代追梦人的初心，跨越百年时光在这里碰撞、交融。一种跨越百年历史年轮的认同感，冲击着每一位同学的心灵，家国情怀的种子也在同学们年轻的心中悄然生根、发芽。

听了张太雷家书的故事，布尔津县冲乎尔镇寄宿制中学哈萨克族学生阿依波塔感触很深。她说：“从小到大就听长辈们说‘没有共产党就没有新中国’，到今天我才真正明白了这句歌词的含义。是无数像张太雷烈士一样有坚定初心的共产党员带领我们不断开创新的事业，才有了今天美丽富饶的新疆。”

圆山里孩子梦想

甘肃宕昌县官亭九年制学校建在 212 国道旁一座大山的山坳里，有 550 多名学生在这里读书，这些孩子的父母多数以外出打工或者在当地务农为生。初中毕业后，像自己的父母一样外出打工或者在当地读一所技校然后再外出打工，成为绝大多数学生的选择。至于参加高考、上大学，对于这些孩子来说是个遥不可及的梦想。

“想考大学首先学生要自己愿意学，然后还要看他的家里支不支持他继续学习。”校长石元平对记者说，对于家里经济条件困难的学生来说，尽早赚钱养家在短期内显得更为实际一些。怎样才能让学生和家长转变观念，通过考上大学走出大山，进而不懈努力改变自己的命运呢？这个问题长期困扰着他。

2019 年夏天，天津大学首次开展“留筑”梦想暑期夏令营支教实践活动，深入宕昌县多所九年制学校捐建了 12 间梦想教室。课堂上，听了支教团成员的授课，石校长茅塞顿开，困扰他多年的难题迎刃而解，那就是要在孩子们的心里种下一颗渴望知识、追求梦想的种子。支教团成员带着自己采集制作的标本、书籍、显微镜给孩子们上起了科普课。课上，新奇有趣的科学知识深深吸引了孩子们的注意力，就连平时很调皮的学生都争着把脸凑到显微镜前仔细观看。

石元平发现，眼前的这些大学生一下子成了孩子们的榜样。“我要上大学，我想和他们一样优秀”的想法在孩子们的心田里悄悄发了芽。今年 15 岁的张欣很喜欢读书，她在班里的成绩也很好。虽然父母每天要往返 60 多公里山路从官亭镇到县城卖蔬菜，非常辛苦，赚的钱也不多，但是他们节衣缩食也支持张欣继续念书。通过梦想教室的学习、与天大老师的交流，她清晰地看到了大学的样子，一颗心已经飞出了大山，飞向了远方。未来是继续走父母的老路，还是努力拼搏改变自己的命运？张欣语气坚定地说：“我下定了决心，一定好好读书，考上大学！”

天津大学团委书记管虹介绍，新型冠状病毒肺炎疫情防控期间，支教团凭借云课堂的经验和方法，有效保障了网络教学工作的快速开展。目前，“云课堂”已覆盖天津大学研究生支教团服务的宕昌和布尔津两地 9 所学校，并已辐射至天津大学北洋教育发展基金搭建的全国 100 间北洋梦想教室；与天津市静海区、津南区等开展合作；积极对接校外资源，引进更多优质课程资源，丰富云课堂的教学内容。（津云新闻编辑付勇钧）

全国项目办相关报道

2022年度中国青年志愿者研究生支教团高校项目办工作经验交流会云端召开

西部志愿汇 2022-09-16 20:43 发表于北京

为切实加强高校研究生支教团工作，推动研究生支教团在新时期实现高质量发展，9月15日，西部计划全国项目办召开**2022年度中国青年志愿者研究生支教团高校项目办工作经验交流视频会**。团中央青年志愿者行动指导中心张朝晖、石新明、熊剑、朱昊炜同志出席会议，张朝晖同志讲话；实施研究生支教团项目的221所高校团委书记或负责同志、有关工作人员，以及全国项目办有关同志参加会议。

△西部计划全国项目办召开 2022 年度中国青年志愿者研究生支教团高校项目办工作经验交流视频会。天津大学团委书记管虹作为高校项目办代表发言

我和百草有个约定

西部志愿汇 2021-11-30 21:07 发表于北京

青春志愿行　奉献新时代

那天青春的誓言唤醒了山间朝阳
那月额尔齐斯河上行舟搅碎霞光
那年我们踏上西行的列车
让粉笔字成为青春的注解

天津大学原创歌曲《我和百草有个约定》

△西部志愿汇报道天津大学研究生支教团记录支教历程原创歌曲《我和百草有个约定》

这乡村那么多人

中国青年志愿者 2022-03-20 12:58 发表于北京

“纯真的话语，羞涩的躲藏，我愿陪你看尽春秋冬夏的边疆”，来听天津大学研究生支教团的改编歌曲《这乡村那么多人》，守望相助共谱乡村教育新篇章！（来源：天津大学团委投稿）

△中国青年志愿者报道天津大学研究生支教团改编歌曲《这乡村那么多人》

这块屏幕关照人生选择

全国项目办 西部志愿汇 2019-02-15 16:50 发表于北京

2018年末，一篇媒体文章《这块屏幕可能改变命运》曾引起了很大反响。一块屏幕背后牵涉的远程教育，承载了贫困地区孩子改变命运的希冀。

对于在线教育的探索，从来就不只限于政府、公司等特定群体。实际上，掌握先进技术、拥有教育梦想的大学生，也是在线教育的积极探索者。

改变命运的重任也许“山高水长”，但是天津大学研究生支教团队通过云课堂“传授的内容可能不会出现在高考试卷上，但却反映在未来学生们人生道路的选择上”。

这是一堂从渤海之滨到陇原大地，跨越1700公里的“课堂”。

△西部志愿汇报道天津大学研究生支教团“智慧空间站”云课堂活动开展情况

停课不停教，天大研支团“远程云筑梦”

中国青年志愿者 2020-04-29 14:14 发表于北京

迎着山间初春清凉的风，踏着灿烂日光洒下的花影，**天津大学研究生支教团甘肃分团的八位成员**从祖国的四面八方跨越千里行程，回到了日思夜想的岗位上。

△中国青年志愿者报道天津大学研究生支教团疫情控辍保学“天大方案”

奖学金还可以这样用——天大研支团设立“丰羽”图书基金

全国项目办 西部志愿汇 2019-05-09 19:40 发表于北京

“天津大学对学生的科研成果进行奖励，本身就是希望学生们能继续勤奋求学，为社会做贡献。所以**将自己的论文奖金用于帮助边疆少数民族学子购买图书、开阔视野、丰富知识，是让这笔奖金发挥更大的作用。**” 5月5日，新疆布尔津县神湖路小学举办图书捐赠暨天津大学“丰羽”图书基金成立仪式，仪式上，天津大学第二十届研究生支教团成员詹浩淼如是说。

△西部志愿汇报道天津大学研究生支教团设立北洋梦想基金助力资助育人

一间跨越千里的"解忧杂货店"

西部志愿汇 2022-06-17 20:20 发表于北京

青春志愿行 奉献新时代

自2021年11月起

天津大学第23届研究生支教团

开启了本年度

天津大学—新疆布尔津县

"繁花如愿·未来可期"书信交流活动

来自布尔津县高级中学

冲乎尔镇寄宿制学校各年级的

295名孩子与天津大学的

本、硕、博士生志愿者们

进行一对一结对交流

△西部志愿汇报道天津大学研究生支教团书信交流活动开展情况

这位天大女孩，把"爱"写满青春

西部志愿汇 2022-11-15 20:46 发表于北京

青春志愿行 奉献新时代

四年前

她是天津大学的本科生

通过"北洋薪火计划"

与宕昌县的初中女孩结成对子

开始了14个月的课业辅导

四年后

她作为研究生支教团志愿者来到宕昌

一次偶然看到其他班学生的花名册

让两个女孩终于在祖国西北相见

或许奇妙就是

跨越1500公里

也会相遇的缘分

△西部志愿汇报道天津大学第二十四届研究生支教团成员万艳个人事迹

主流媒体相关报道

6 中国青年报 YOUTH.CN

志愿文化

为西部孩子打开看世界的“窗”

天津大学学生 胡玥 本报记者 谢宛霏

从渤海之滨到西北边陲，20年来，227名天津大学学生踏上兴学之路，在吉林大安、新疆布尔津、甘肃宕昌等地的16所学校站上三尺讲台，浇筑青春热血，覆盖学生13000余人，让尚学求同之风在神州大地燃起点点星火。天津大学研究生支教团（以下简称“研支团”）始终坚守立德树人根本任务，立足“教书育人、桥梁纽带、乡村振兴”的角色定位，坚持“扶智”与“扶志”结合，为西部地区教育事业发展和乡村振兴贡献微薄之力。

“同学们，可以听到我的声音吗？很高兴和大家在云端相见。”天津大学团委书记管虹正通过互联网平台带领新疆、甘肃的中学生们云游天津大学，领略巍巍学府的模样，感悟“大先生”的家国情怀。

“支教不仅是十几名研支团成员的扎根奉献，更是我们全体师生的事儿。”管虹告诉记者，天津大学研支团搭建“智慧空间站”云课堂平台，为全校师生通过互联网平台助力西部地区教育帮扶提供了载体。

据悉，云课堂汇聚了天津大学优质教育资源，主讲人涵盖国家重大项目首席专家、思政名师、朋辈榜样。2017年以来，已开展科学普及、人文鉴赏、思想引领等各类云课堂160余期，形成了一批可复制推广的“金课”，辐射十余个省份的3万余学生。“我们希望通过一张小小的屏幕，为西部孩子打开走出大山看世界的‘窗’，启迪梦想照亮未来。”管虹说道。

“我的家乡很小，但有时候也很大，大到能装下我所有的胡思乱想，更能装下我熠熠闪光的梦想。”在书信交流活动分享会上，新疆布尔津县学生贾伊桑的信一直让管虹印象深刻。那张淡蓝色的信纸，触动了许多志愿者内心最柔软的地方。在研支团发起的书信交流活动中，孩子们在信中认真地写下了属于他们的“秘密”，把一纸书信当成了“解忧杂货铺”。六千余封往来信件中，充满了来自远方哥哥姐姐们的鼓励与期盼，更饱含着孩子们的纯真与憧憬。

“研支团成员们已经把服务地当作第二故乡，把西部学生当作自己的孩子，用心、用情做好教书育人。”管虹说。每当看到研支团成员们在朋友圈分享的作业的评语、课后的糖果、教师节的卡片，这些双向奔赴的小确幸，都让她深受触动。

无独有偶，研支团成员袁超伦则把和孩子们的珍重情谊化作旋律。“你们会赠予我人生的理想，虽然风吹雨打仍要欣欣向阳，经历风雨百草依旧茁壮成长，读完十年寒窗少年皆成栋梁。”他为大寨九年制学校创作了这首校歌《我和百草有个约定》，与孩子们许下来日方长的承诺。

宕昌县有“千年药乡”的美称。在“百草可为药，人人乐成才”的教育理念下，研支团成员们勉励孩子们像“百草”般，无论生长在怎样的原生环境中，始终乐观向上、茁壮成长，努力发挥出自己特有的“药效”。这座“百草园”有一间“三味书屋”，也是天津大学的第100间梦想教室。天津大学研支团捐赠的四千余册图书为孩子们提供了阅读成长的新天地。在这里，研支团成员们用《百草档案》记录着每一名学生的情况，“一人一档”让研支团的接力培养“无间断”。《百草档案》里不仅有每一颗“小草”的成长历程，更见证了研支团成员们的付出与收获。

如今，第25届研究生支教团21名成员已完成招募，正在参与“青马工程”研支团专项培训和品牌项目建设。“研究生支教团是青年扎根西部作贡献的平台，也是在实践中成长成才的大舞台。”管虹坦言，同学们经历了一年的支教生活，认识更加深刻、信念更为坚定了，肤色变化的背后有辛苦和汗水，都有了明显的进步。

天津大学研究生支教团成员胡玥指导学生参加云课堂奇妙电子世界的实验。

每个梦想都值得被照亮

本报记者 谢宛霏

天津大学迎来了一位新生中的“老”同学——马高霞。她来自天津大学研支团服务的甘肃陇南市宕昌县第一中学。

马高霞与天津大学的初次相遇，是通过一朵跨越千里的“云”——“智慧空间站”云课堂。她回忆，在高三那段非常艰难的日子里，总会第一个守候在屏幕前，期待老师们上线。“他们不仅学识广博、多才多艺，带我领略了大山外丰富多彩的世界，还鼓励我、帮助我克服学习上遇到的困难。”

马高霞那时就将考上天津大学作为了目标。如今愿望实现，马高霞也从屏幕前的听众成长为帮扶志愿者队伍中的一员。她入学后，第一件事就主动联系研支团成员，希望可以以自身故事为蓝本为宕昌县的学生们再带去一节课——昨天的我和今天的你对话。她用奋斗故事激励学弟学妹们树立自己的梦想，屏幕之间的真情流露为西部孩子们的成长提供了更多的可能。

在研支团成员解向川的回忆中，布尔津县高级中学的第一节云课堂“星光不负追梦人”最让他印象深刻。那一天，500余名学生与天津大学志愿者云端相见，由于计划的座位有限，许多学生搬着凳子也要来参加，蓝色的校服坐满了会议室的每一个角落。“看着孩子们憧憬的神情，我们的心里却充满了紧张，直到下课后看到他们脸上洋溢的笑容，才真正放下心来。”解向川坦言，全校的学生也因为云课堂认识了研支团的老师们，课间的问好，相遇的微笑，都让他们充满了干劲。

在屏幕那头云课堂志愿者的见证下，学生们在卡片上写下自己的梦想，有的想考天津大学，有的想成为老师教书育人，有的想成为医生悬壶济世……有了研支团成员们的鼓励，学生们在奔赴理想的路途中多了一分力量和勇气。研支团成员蔡秋金告诉记者，“看到孩子们写下梦想，我更加坚定地相信我们的努力是正确而有意义的。”

随着教室设备的逐渐完善，越来越多的西部孩子参与到天津大学的云课堂之中，云课堂也实现了“班班通”，成了校园最受欢迎的“明星课程”。每一次云课堂开始前，研支团成员们都会来到教室内为学生们发放云课堂讲座记录单，记录收获和感悟。蔡秋金希望通过研支团的努力，让孩子们拓宽知识视野，明晰专业选择。

随着云课堂系统化发展运营稳定，研支团成员们又把目光转向了乡村校园广播的长期空白。今年，研支团开创“青鸟广播站”项目，帮助乡村学校打造更加专业的校园广播，活动一经发起就收获了百余名志愿者的支持投稿，来自千里之外的声音也能为孩子们传播知识与热爱。

“音传千万里，津声伴你行，欢迎来到天津大学青鸟广播站……”当广播第一次回荡在窝依莫克镇校园的时候，六年级的巴合木眼睛里闪烁了一丝光亮。她告诉研支团成员刘畅，自己从小就很羡慕收音机里的主持人，梦想着有一天，自己的声音也能从喇叭里传出来。为了助力孩子们的梦想，他便在所支教的窝镇中学创建了广播社团。“创建广播站营造校园文化氛围的同时，我们更希望孩子们感受到，无论你在哪里，每个梦想都值得被照亮。”

第一次练习就让研支团成员们发了愁，“这里是三声，这里是……”北疆边陲长大的学生们普遍存在普通话不标准的问题。第一次意识到自己发音问题的巴合木眼神里的失望藏不住，默默地哭了。回忆起那一幕，刘畅十分心疼，“即使起跑的时候慢了，相信你也绝对不会放弃，事在人为。”在刘畅的鼓励下，巴合木一直不断练习，走在路上也默念绕口令，课间还到办公室读文章请老师们纠正。终于，巴合木清晰的声音传遍校园。

“如果没有广播站，我可能永远觉得播音员是属于城市孩子们的特权。”巴合木告诉刘畅，与你们的相遇让我明白，原来无论我在哪里，梦想都有被照亮的可能，我一定为播音的梦想继续努力下去。

回去，去点亮大山深处的梦想

天津大学学生 胡玥 本报记者 谢宛霏

天津大学第24届研究生支教团团长孟惊延是通过农村单招计划，考上了梦想中的天津大学。那一年，他的家乡也成功摘掉了“贫困县”的帽子。这也是他为什么坚定地选择前往条件更为艰苦的甘肃省宕昌县进行支教的原因。“因为经历过，所以想帮助更多和自己一样的孩子有机会实现梦想。”

第一次来到大寨九年制学校时，虽然有所准备，但映入眼帘的景象还是让从小生活在平原地区的孟惊延吃了一惊。这是一所四处环山、傍山而建的乡村学校，超过70%的学生是留守儿童。回忆起第一次给四年级的学生们上数学课时的场景，大部分学生却因为内向不敢自我介绍，这是孟惊延第一次认识到，地理上的大山也成了精神的围墙，将孩子们的梦想深深地阻隔。

孟惊延开始思考，如何去点亮这群大山孩子们的梦想。他选择在课后给学生们讲述大山外的世界，从祖国的壮丽河山讲到古今历史，每一次讲述，学生们都会流露出向往的神情。孟惊延不愿意放弃任何一个人，详细记录每一个学生的学习情况，并为不同学情的学生制定学期目标，班级里的后进生也因此有了学习的动力。

一段时间里，由于疫情的原因，学校课堂转为线上授课。孟惊延照旧选择来到教室，站上三尺讲台，面对空无一人的教室开始直播，只希望学生们在网课期间也看得见黑板，更好地吸收课堂的知识。“第一次上网课的时候，有两名同学一直没有参加直播，下课后我联系学生家长询问情况，发现他们的家里没有参与直播的智能设备。”孟惊延回忆说，事后他协调两名学生每天前往同学家中一起上网课，不想让任何一名同学因授课形式的变化而掉队。

当看到部分学生们敬队礼不标准，在奏唱国歌时不专注时，孟惊延意识到：“这里的孩子大多为留守儿童，要点亮孩子们的梦想，不仅要提高学习成绩，更要引导他们如何做一个有理想信念的人。”他主动成了学校少先队大队辅导员，结合天津大学成熟的团员培养机制，在服务学校开展“求实团校”项目，将宕昌县的哈达铺长征文化和中草药知识打造成团课，并开设了红领巾广播站和团员先锋岗，让学生在服务同学、建设校园中增长才干。

“我的生日与教师节在同一天，这或许就是一种召唤，一种使命。”教师节的前一天，当孟惊延像往常一样走进教室，突然十多个学生冲到了他的跟前，递上他们用树叶亲手制作的一束花，嘴里大声地喊着“孟老师，教师节快乐！”孟惊延的鼻子一下就酸了，短短几天的相处，学生们似乎喜欢上了他这个“初来乍到”的老师。这一天的课后，一声“咔嚓”定格了时光，孟惊延拥有了和学生们的第一张“全家福”。

△ 2023 年 3 月 8 日中国青年报整版报道天津大学研究生支教团事迹

天津大学着力打好深化教育扶贫“组合拳”

2019-06-20 来源：天津大学 收藏

天津大学认真贯彻落实党中央、国务院关于打赢脱贫攻坚战部署要求和《教育脱贫攻坚“十三五”规划》，自2013年定点扶贫甘肃省宕昌县以来，积极发挥学校优势，深入推进教育扶贫，助力脱贫攻坚。

机制保障与资助育人同向发力。完善领导机制，成立定点扶贫工作领导小组，协调学校各职能部门和全校师生参与定点帮扶，形成工作合力。召开专题党委常委（扩大）会、校长办公会，听取定点扶贫工作汇报，压实扶贫责任。制定《定点扶贫宕昌县工作三年行动计划（2018—2020）》《2019—2020年脱贫攻坚工作任务分解方案》等，针对脱贫攻坚中的具体问题逐一建立台账落实落细。完善资助体系，为家庭困难学生设立五项新生助学金，发放爱心助学礼包；为特殊群体设立专项资助，提供临时困难补助，切实保障经济困难学生学习无忧。开展“丰羽工程”，设立勤工助学岗位，搭建实践锻炼平台，实现能力拓展与教育帮扶的有效融合。拓展帮扶形式，自2015年起，每年组织10余名宕昌县中学生来校参加青少年高校科学营活动，开拓学生视野。在现有政策框架内，加大倾斜力度，为宕昌考生报考天津大学提供有力支持。依托学校基金会设立的扶贫基金，向社会广泛筹集爱心帮扶资金，构建多方参与的大扶贫格局。

脱贫攻坚与思政教育有机融合。丰富思政课程内涵，落实“让每一个学生了解扶贫工作”的要求，将脱贫攻坚与思想政治教育贯通，依托马克思主义学院、学生工作部制定“思政扶贫”工作方案，把精准扶贫内容纳入教学计划，在《形势与政策》课中讲解定点扶贫工作案例，发挥思想政治工作“生命线”作用。探索融合式课程体系，制定实施《“课程思政”工作实施方案》，支持引导各个专业充分发掘所蕴含的思想政治教育元素和扶贫育人内涵，着力构建“家国情怀”系列哲学社会科学类通识课程体系。开设“宕寻津喜”云课程，组织研究生支教团和学生科技创新创业协会联合为宕昌一中学生打造“宕寻津喜·智慧空间站”，通过远程直播的形式，为支教基地提供长期的网络直播教学，遴选优秀大学生为当地学生讲解各自专业的前沿发展知识，建立联结天津和甘肃的互动云课堂。

个人成长与国家发展同频共振。强化宣传引导，开展“与信仰对话”报告会，邀请校友与同学们分享自己扎根基层、服务群众、脱贫攻坚的心路历程，帮助广大学生坚定理想信念。邀请派驻甘肃省宕昌县沙湾镇大寨村第一书记深入多个学院分享扶贫一线的工作心得，强化青年学子的使命担当。强化定点实践，拓展第二课堂育人功能，将甘肃宕昌作为学生思想政治教育的重要基地，连续6年选派研究生支教团成员到宕昌县中小学支教，组织学生到宕昌县开展“Summer+”暑期科学营、“富民产业”调研、“大学生村官座谈体验”等活动，在扶贫实践中涵养学生的家国情怀。强化价值引领，实施“青苗工程”“励行计划”，鼓励毕业生扎根基层一线，持续加大甘肃省选调生的培养和选拔力度，评选“求是奖”，表彰赴基层一线、艰苦地区就业的校友典型，引导和支持毕业生服务国家需求。

△ 2019 年 6 月 20 日中华人民共和国教育部报道天津大学及研究生支教团事迹

2 中国科学报　2019年2月13日 星期三　动态

这块屏幕关照人生选择

简讯

清华学子寻中国之芯

南开图书馆手机扫码享受阅读乐趣

西安交大寒假实践团队走进大西北

△ 2019 年 2 月 13 日中国科学报报道天津大学研究生支教团事迹

中华人民共和国中央人民政府
www.gov.cn

首页 | 繁体 | 英文EN | 登录 | 邮箱

梦想教室 助力教育

2019-07-10 20:07　来源：新华社　【字体：大 中 小】 打印

7月10日，在甘肃省陇南市宕昌县官亭九年制学校，天津大学学生同当地学生交流。

当日，天津大学“梦想教室”揭牌仪式暨教育扶贫物资捐赠仪式在甘肃省陇南市宕昌县官亭九年制学校举行。来自天津大学暑期社会实践队的师生为山区学子带来显微镜、动植物标本、科普书籍等并进行了现场教学。据了解，宕昌县是天津大学定点扶贫县，此次在官亭九年制学校捐建的是天津大学全国第58间“梦想教室”。

新华社记者 李然 摄

【我要纠错】　责任编辑：李洞发

△ 2019 年 7 月 10 日中华人民共和国中央人民政府网报道天津大学研究生支教团事迹

天大云课堂：月球上不能种菜却可以播种梦想

2020-12-29 10:22:00 来源：中国青年网

中国青年网北京12月29日电（记者 李寥龙）“月球上的土虽然不能种菜，但是它却可以播种梦想的种子。”近日，天津大学第22届研究生支教团云课堂开讲。

天津大学第22届研究生支教团云课堂在甘肃宕昌县与新疆布尔津县开讲航天知识课。图为活动现场。天津大学研支团 供图

天津大学崔玉红教授通过云课堂为甘肃宕昌县与新疆布尔津县四所学校的近千名学生上了一节航天知识课。她根据世界航天史的发展，介绍了众多国家航天科技的发展历程与特色，生动形象地阐述了当今世界航天科技发展格局，存在的技术难点以及未来航天科技的发展方向。结合嫦娥五号任务圆满完成，她与同学们分享了嫦娥一号到五号探测器的的全过程及主要任务，深入浅出将我国探月历程娓娓道来。

图为认真看直播听课的同学们。天津大学研支团 供图

据悉，自从2017年起，天津大学研究生支教团联合天津大学学生科协在服务地利用网络直播开设云课堂，进行科技启蒙和理想信念教育。截至目前，已累计开展课程108期，覆盖学生2.2万，一批“金课”倍受社会各界的好评。云课堂师资库“名师云集”，涵盖优秀学者、思政名师、朋辈榜样等200余人，课程体系设置全面，从“我的祖国”“我的梦想”到“上天入地下海”的科学旅程，都悄然间在孩子们心底种下了梦想的种子。

从梦想教室的一张“屏”，到打开教育的一扇“窗”，天津大学研究生支教团将继续和偏远贫困地区的孩子们一起用心守护着关于梦想的约定，并尝试为乡村振兴贡献力量，让视野与梦想更加公平辽阔，让知识与渴望在云端筑梦飞扬！

责任编辑：李寥龙

△ 2020 年 12 月 29 日中国青年网报道天津大学研究生支教团事迹

新华网 > > 正文

让新闻离你更近

跨越1700公里的“开学第一课”

2019-03-12 11:16:22　来源：天津日报

关注新华网

微信

微博

Qzone

0
评论

“今天，我们开学第一讲的主题是‘建功新时代，同做追梦人’，主要分为爱国的重要、科技的力量、服务的意义、奋斗的价值4个篇章……”

3月11日下午，在国家级贫困县甘肃省宕昌县第一中学，全校3600名学生在一起同上一堂课：4名天津大学的优秀学子通过“智慧空间站”云课堂，从渤海之滨的天津跨越1700公里，“穿越”到位于祖国西部地区的宕昌县第一中学师生面前，带来了一堂别开生面的“开学第一课”。

4名主讲人全是“风云人物”

通过多媒体投影和云端平台，退伍大学生士兵胡彦杰、“天大学生诺贝尔奖”得主陈明希、曾担任校学生会主席的侯放、92Drink学生创业团队合伙人刘克嘉，这4名天津大学“风云人物”，在宕昌一中师生面前讲述自己在科技创新、爱国奉献等方面的青春故事和奋斗足迹，勉励同学们成长为“勤学、修德、明辨、笃实，爱国、励志、求真、力行”的有志青年。

这4名天津大学的“风云人物”还通过屏幕互动为即将参加高考的高三学生鼓劲儿：“加油，我们都是追梦人！”

△ 2019 年 3 月 12 日新华网报道天津大学研究生支教团事迹

把“青鸟”带到布尔津陪你慢慢变好

天津大学第24届研究生支教团成员　刘畅　　来源：中国青年报　　（2023年02月01日　　04 版）

天津大学第24届研究生支教团队员刘畅在给三年级学生上英语课。董铖莉/摄

广播、汉语、梦想。曾经的我从未觉得这3个词语之间能有什么联系，直到我来到了这个坐落于新疆阿勒泰布尔津县的哈萨克族聚居村落——窝依莫克镇。

△ 2023 年 2 月 1 日中国青年报报道天津大学研究生支教团事迹

获奖情况

天津大学研究生支教团建设“智慧空间站”云课堂项目荣获第五届中国青年志愿服务项目大赛银奖、第六届中国青年志愿服务项目大赛铜奖、2022 年新疆青年志愿服务项目大赛金奖。

天津大学研究生支教团项目作品《“智慧空间站”云课堂——从教育扶贫引领者奔向乡村振兴奋进者》，获得第七届中国国际“互联网 +”大学生创新创业大赛铜奖。

获奖证书
Certificate of Award

田烁、许全军、程启帆、郝锦波、胡玥、郭鸿强、孟心如、赵子渊、林瑞敏、纪文池、王方惠、贾浩然、王浩天、田力芃

你们的作品《“智慧空间站”云课堂——从教育扶贫引领者奔向乡村振兴奋进者》，在第七届中国国际“互联网+”大学生创新创业大赛中荣获铜奖

指导老师：霍宝锋、曾虹、李霞、刘畅

特发此证，以资鼓励。

主办单位：教育部、中央统战部、中央网络安全和信息化委员会办公室、国家发展和改革委员会、工业和信息化部、人力资源和社会保障部、农业农村部、中国科学院、中国工程院、国家知识产权局、国家乡村振兴局、共青团中央、江西省人民政府
承办单位：南昌大学、南昌市人民政府

中国国际“互联网+”大学生创新创业大赛组织委员会
二〇二一年十月

编号：2021200170

天津大学研究生支教团项目作品《“智慧空间站”云课堂——微视角聚焦高校学生扶贫扶志探索》参加第十六届“挑战杯”中国银行天津市大学生课外学术科技作品竞赛，荣获特等奖。

获奖证书

天津大学

许全军、雷松源、田烁、胡玥、白易明、郝锦波、郭鸿强、赵雨萌同学：

你(们)的作品《“智慧空间站”云课堂——微视角聚焦高校学生扶贫扶志探索》在第十六届“挑战杯”中国银行天津市大学生课外学术科技作品竞赛中，荣获

特等奖

指导教师：辛科霆、车兴宇、郑喆

特发此证，以资鼓励。

共青团天津市委员会　中共天津市委教育工委　天津市科学技术局　天津市教育委员会

天津市科学技术协会　天津社会科学院　天津市社会科学界联合会　天津市学生联合会

二〇二一年六月

天津大学研究生支教团“智慧云课堂”科普志愿服务项目获评天津市优秀志愿服务项目。

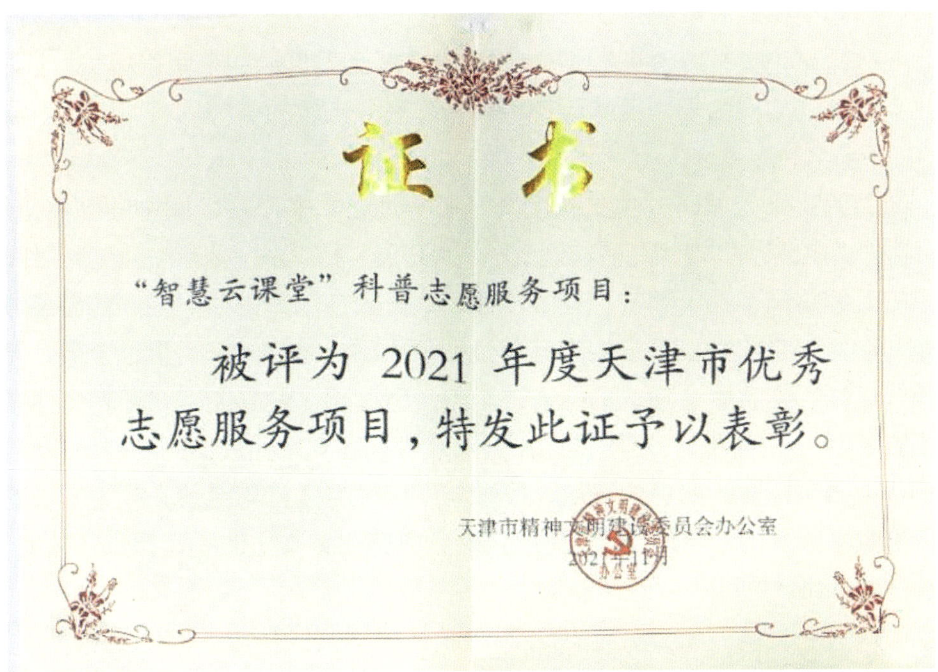

证书

“智慧云课堂”科普志愿服务项目：

被评为 2021 年度天津市优秀志愿服务项目，特发此证予以表彰。

天津市精神文明建设委员会办公室

2021年11月

后记 Afterword

好风凭借力，风起正当时

“到西部去，到基层去，到祖国最需要的地方去！”为了理想，为了热爱，为了青年人的使命担当，为了天大人的家国情怀，二十年来，227 名天津大学青年选择怀着一腔热血，离津滨、赴东北、跨西北，踏上了兴学之路。他们从吉林大安起步，肩并肩、手挽手，走到新疆布尔津与甘肃宕昌，不断书写着新的诗篇。他们用赤子的热忱与青年的真心，投身支教工作，从教育扶贫、文化扶贫、产业扶贫等多个方面全力参与脱贫攻坚工作。

薪火相传，久久为功，适逢天津大学研究生支教团成立二十周年，为回首往届团友的“青葱”岁月，记录天津大学支教团的发展史，总结过往经验，聚焦传承创新，打造天大品牌，这本书的汇编被提上日程。在校团委带领下，天津大学研究生支教团第二十三、二十四届成员组成了编写组。几经波折，编写组得以联系到这二十年来每一届支教团成员，围绕他们的支教照片、支教故事和支教感悟进行了广泛的采访与记录，系统梳理了天津大学研究生支教团的成员名录、品牌活动、精彩剪影、支教故事等内容，最终形成 77 000 余字的文稿。

随着第二十四届研究生支教团奔赴服务地，本书册在酝酿中逐渐完善。校团委一直以来都非常重视支教团工作的开展，持续关注和推进此项工作。本书的汇编得到了共青团宕昌县委员会、共青团布尔津县委员会、宕昌县城关第一小学、布尔津县初级中学等单位，于庆雷、管虹、辛科霆、李霞、席皓格、江皓、赵宇等老师，孙春光、丁嵬、马耀邦、宋文杰、刘畅等全体往届支教团团长，刘福聪、李明、刘涧、金伟晨等往届支教团成员的支持与帮助，他们或提供了重要的信息与资料，或参与了稿件的搜集与完善，或为本书的编撰提供了诸多指导与建议。此外，还有很多师生为本书的编撰提供了帮助，恕不一一列举，在此一并表示感谢。

回首过去，研究生支教团以云课堂联结千里，从梦想教室的一张“屏”

打开了教育的一扇“窗”；尺牍书信三方心系，用翻山越岭的一张纸维系了温暖的一段情；求实团校勇攀高峰，在山间种下理想，丰羽路上几多风雨，再送鸿鹰振翅飞翔。天津大学研究生支教团的各项工作获得了各级团组织与校领导的关心与支持。天津大学研究生支教团的故事于 2021 年登上了共青团中央“致敬志愿者主题网络嘉年华”，于 2022 年登上了共青团中央“向雷锋学习——支教那一年”“3 · 5 云上故事会”，于建团百年之际登上中国教育电视台“放飞梦想——五四青春歌会”。天津大学党委书记杨贤金、校长金东寒、原党委书记李家俊、原党委常务副书记王树新、党委副书记雷鸣、校长助理刘宁等校领导均曾亲赴研究生支教团服务地，为支教团工作提供指导，为支教团成员成长提供支持。

展望未来，更多的青年整装待发，要接过廿载兴学路的接力棒，一起守护这三尺讲台情。天津大学研究生支教团将继续和祖国西部的孩子们一同用心守护关于梦想的约定，为乡村振兴贡献力量，让视野更加辽阔，让梦想更加多彩，让知识与渴望在云端筑梦飞扬。

由于编写组水平有限，虽经努力，但限于时间、精力、水平，难免有不足之处，敬请指正。

天津大学第二十三、二十四届研究生支教团
2023 年 3 月